Impressum
Verlag: BABADADA GmbH, Nedderfeld 112 , 22529 Hamburg
Geschäftsführer / Verlagsleitung: Harald Hof
Druck: Books on Demand GmbH, In de Tarpen 42, 22848 Norderstedt

Imprint
Publisher: BABADADA GmbH, Nedderfeld 112 , 22529 Hamburg, Germany
Managing Director / Publishing direction: Harald Hof
Print: Books on Demand GmbH, In de Tarpen 42, 22848 Norderstedt

baruumsaa

school

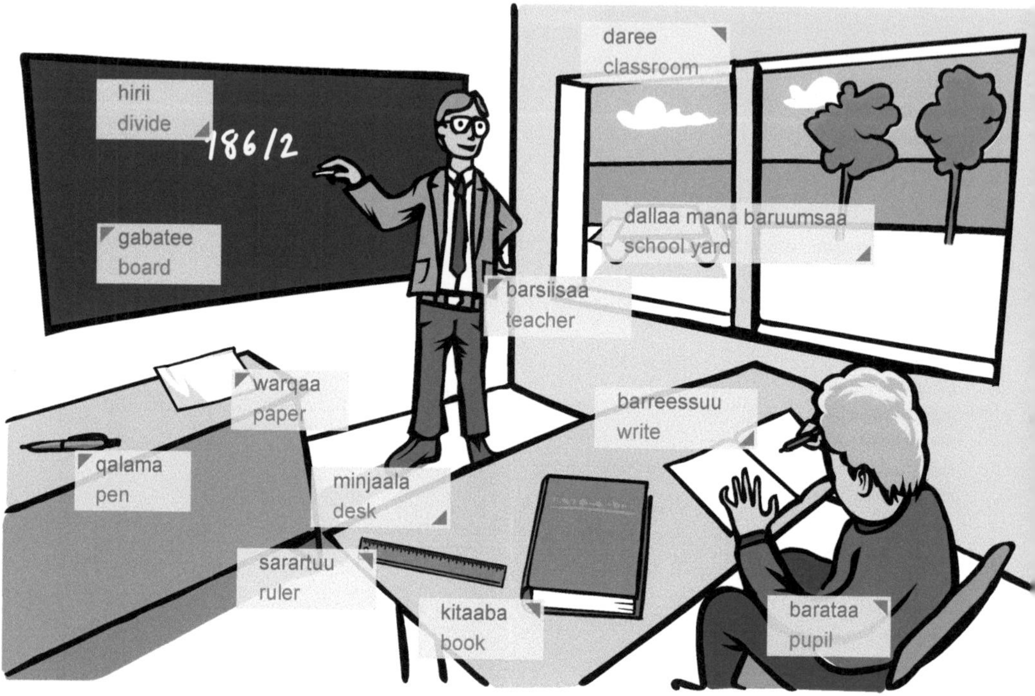
daree
classroom
hirii
divide
186/2
gabatee
board
dallaa mana baruumsaa
school yard
barsiisaa
teacher
warqaa
paper
barreessuu
write
qalama
pen
minjaala
desk
sarartuu
ruler
kitaaba
book
barataa
pupil

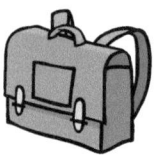

korojoo baattamu

satchel

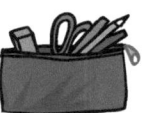

teessoo irsaasii

pencil case

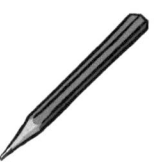

irsaasii

pencil

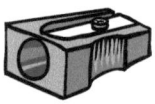

qartuu irsaasii

pencil sharpener

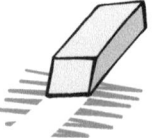

haqxuu

rubber

paadii fakkii

drawing pad

fakkii
drawing

burusha halluu
paintbrush

saanduqa halluu
paint box

maqasa
scissors

maxxansituu
glue

daftara
exercise book

hojii manaa
homework

lakkoofsa
number

ida'ii
add

hir;isi
subtract

bay;isi
multiply

heerregii
calculate

xalayaa
letter

tarree qubee
alphabet

jecha
word

kitaaba barataa

text

dubbisuu

read

biroonkii

chalk

baruumsa

lesson

galmeessuu

register

qormaata

examination

raga barreeffamaa

certificate

uffata mana baruumsaa

school uniform

barnoota

education

insaaykiloopeediyaa

encyclopedia

yuunivarstii

university

maaykiroos kooppii

microscope

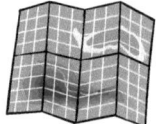

kaartaa

map

qircaata gatoo

waste-paper basket

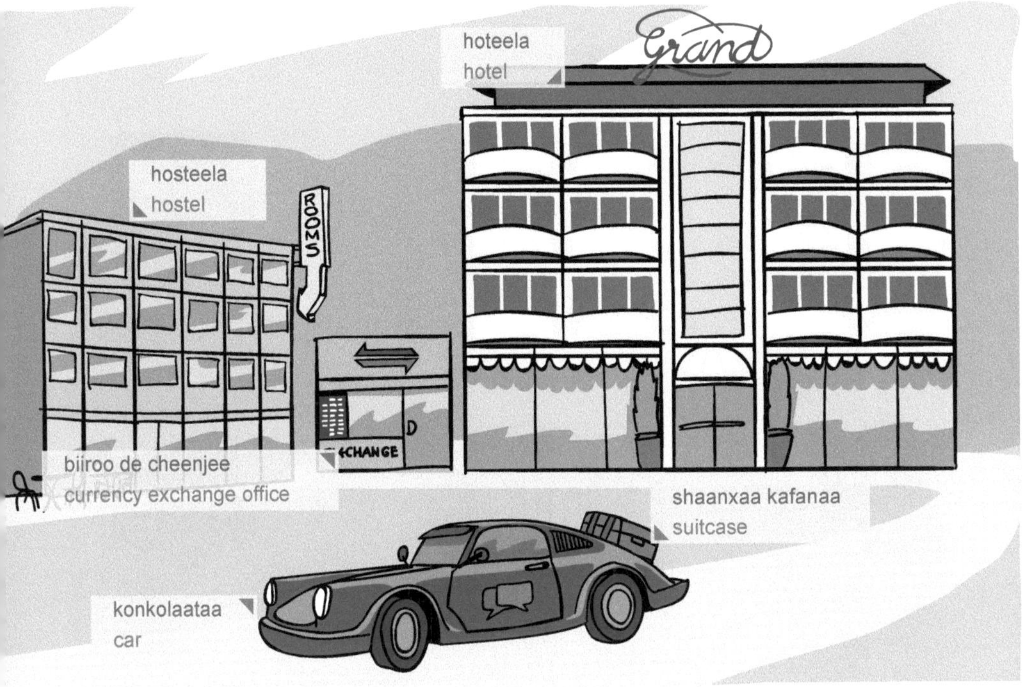

hoteela
hotel
Grand
hosteela
hostel
ROOMS
EXCHANGE
biiroo de cheenjee
currency exchange office
shaanxaa kafanaa
suitcase
konkolaataa
car

afaan

language

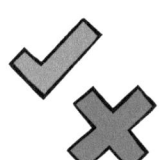

eyyeen / mitii

yes / no

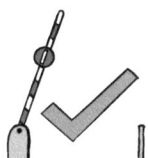

haa ta'u

Okay

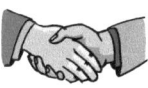

heloo

hello

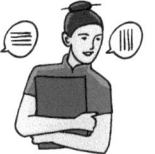

turjmaana

translator

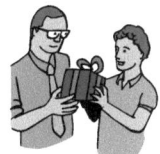

galatoomaa

Thank you

meeqa

how much is...?

naaf hingalle

I don´t get it

rakkoo

problem

akkam ooltan

Good evening!

akkam bultan?

Good morning!

halkan gaarii

Good night!

nagaatti nagaatti

goodbye

kallattii

direction

ba'aa imalaa

luggage

korojoo

bag

ba'aa dugdaa

backpack

keessummaas

guest

kutaa

room

korojoo hirriibaa

sleeping bag

dukkaana

tent

odeeffannoo turistii

tourist information

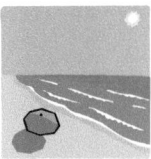

qarqara haroo

beach

kireedit kaardii

credit card

ciree

breakfast

laaqana

lunch

irbaata

dinner

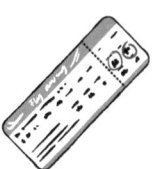

tikkeetii

Ticket

liiftii

elevator

chaappaa

stamp

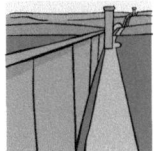

daangaa

border

barmaatilee

customs

embaasii

embassy

viizaa

visa

paasspoortii

passport

geejiba
transport

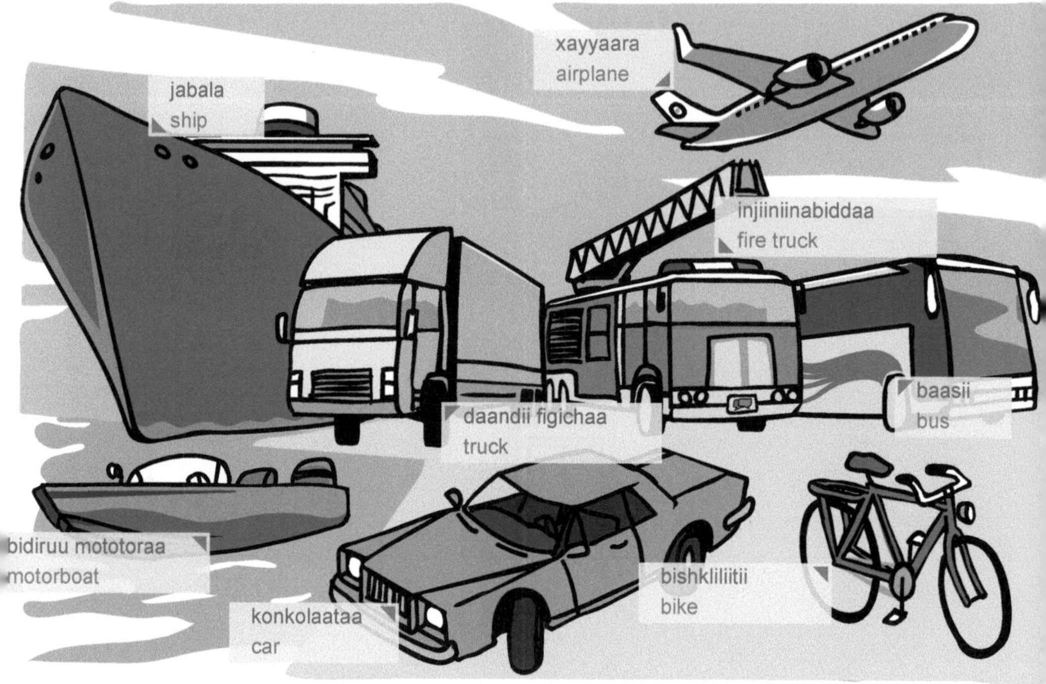
xayyaara
airplane
jabala
ship
injiiniinabiddaa
fire truck
baasii
bus
daandii figichaa
truck
bidiruu mototoraa
motorboat
bishkliliitii
bike
konkolaataa
car

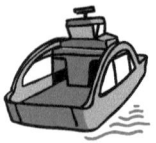

bidiruu deeddebii

ferry

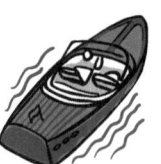

bidiruu

boat

doqdoqqee

motorbike

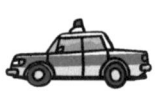

konkolaataa foolisaa

police car

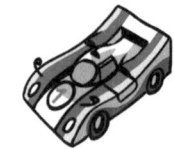

konkolaataa dorgommii

racing car

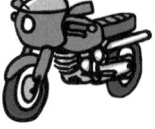

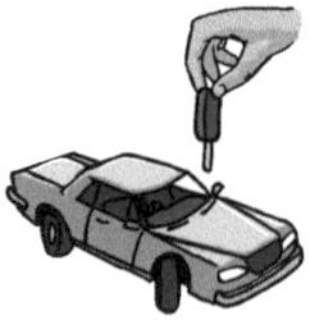

konkolaataa kiraa

rental car

konkolataa waliin gahuu

car sharing

marsaa boqqoonna

tow truck

daandii dhorkaa

garbage truck

motora

engine

boba'aa

fuel

buufata boba'aa

fuel station

mallattoo tiraafikaa

traffic sign

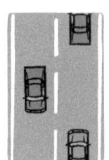

tiraafika

traffic

cuccufaa daandii
konkolaataa

traffic jam

dhaabbii konkolaataa

parking lot

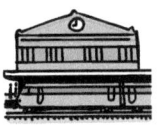

buufata baburaa

train station

konkolaataa guddaa

tracks

baabura

train

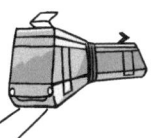

baabura eleektirikaa

tram

gaarii fardaa

wagon

geejiba - transport

helikooftara

helicopter

buufata xayyaaraa

airport

qooxii

tower

keessummaa

passenger

konteenara

container

kaartunii

carton

gaarii

cart

qirccaata

basket

barrisuu / qubachuu

take off / land

magaalaa gudaa
city

araddaa

village

handhuura magaalaa

city center

mana

house

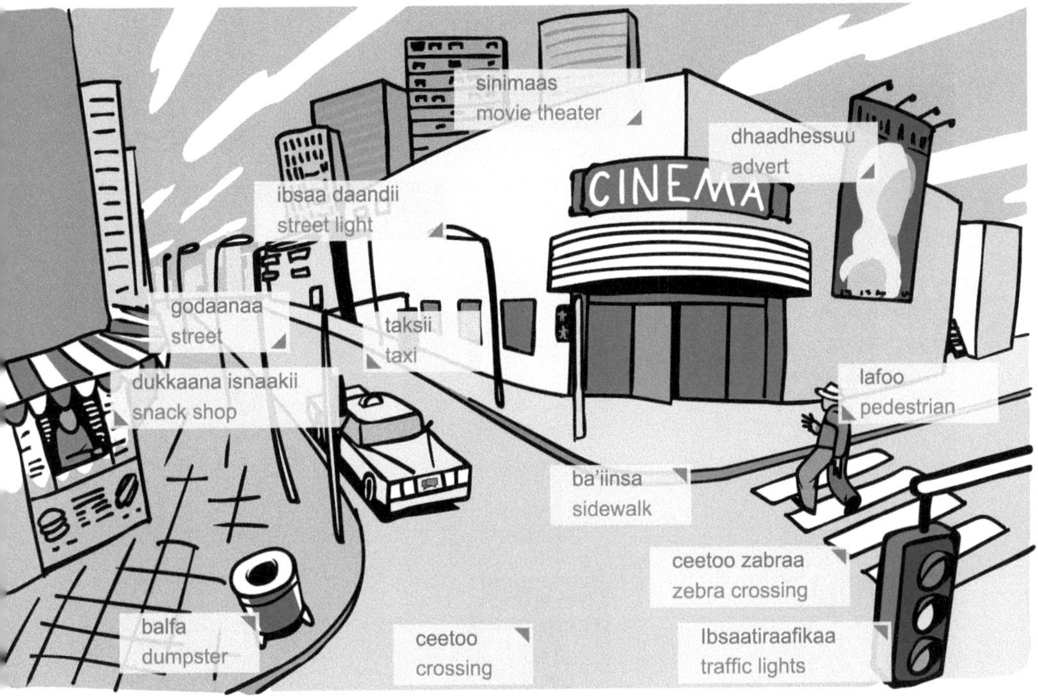

sinimaas
movie theater
CINEMA
dhaadhessuu
advert
ibsaa daandii
street light
godaanaa
street
taksii
taxi
dukkaana isnaakii
snack shop
lafoo
pedestrian
ba'iinsa
sidewalk
ceetoo zabraa
zebra crossing
balfa
dumpster
ceetoo
crossing
Ibsaatiraafikaa
traffic lights

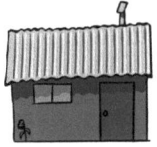

godoo

hut

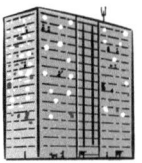

diriiraa

apartment

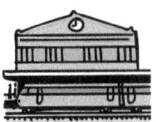

buufata baburaa

train station

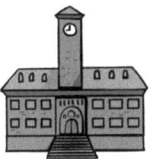

galma magaalaa

city hall

MUSEUM

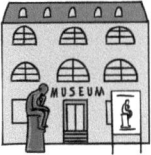

muuziyeemii

museum

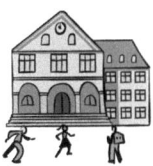

baruumsaa

school

yuunivarstii

university

baankii

bank

hospitaala

hospital

hoteela

hotel

mana qorichaa

pharmacy

waajjira

office

dukkana kitaabaa

book shop

dukkaana

shop

gurgurtuu abaabo

flower shop

suppar maarkeetii

supermarket

gabaa

market

kuusaa dame

department store

kiyyeessituu qurxxummii

fishmonger's shop

giddu gala gabaa

mall

buufata galaanaa

harbor

paarkii

park

tessoo dalgee

bench

riqica

bridge

sibsaabii

stairs

Lafa jala

subway

holqa

tunnel

buufata konkolaataa

bus stop

baarii

bar

mana nyaataa

restaurant

saanduqa poostaa

postbox

mallattoodaandii

street sign

idoo dhaabbii konkolaataa

parking meter

dallaa beeladaa

zoo

haroo daakkaa

swimming pool

masgiida

mosque

qonna

farm

faalama

pollution

iddoo awwaalchaa

cemetery

charchii

church

dirree taphaa

playground

siidaa

temple

teechuma lafaa

landscape

baala
leaf

maxxansa beeksiisaa
signpost

karaa
path

huruufa magariisa
meadow

dhakaa
stone

nama lafoo deemu
hiker

muka
tree

laga
river

mrga
grass

abaaboo
flower

sulula

valley

tabba

hill

hara

lake

bosona

forest

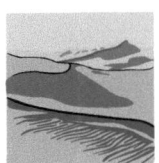

gammoojjii oo;aa

desert

dhooyinsalafaa

volcano

masaraa

castle

sabbata waaqqaa

rainbow

jaarsa marqoo

mushroom

muka teemiraa

palm tree

bookee busaa

mosquito

balali'uu

fly

mixii

ant

kanniisa

bee

sarariitii

spider

boombii

beetle

hurrii

frog

shikookkoo

squirrel

xaddee

hedgehog

beelada illeentii fakkaatu

hare

jajuu

owl

simbira

bird

daakkiyyee

swan

ifaannaa

boar

godaa

deer

godaa ameerikaatti argamu

moose

riqicha

dam

tarbaayinii buubbee

wind turbine

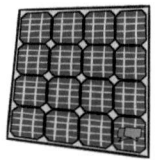

panaalii soolaarii

solar panel

haala qilleensaa

climate

mana nyaataa
restaurant

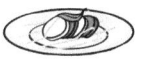

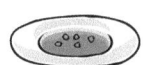

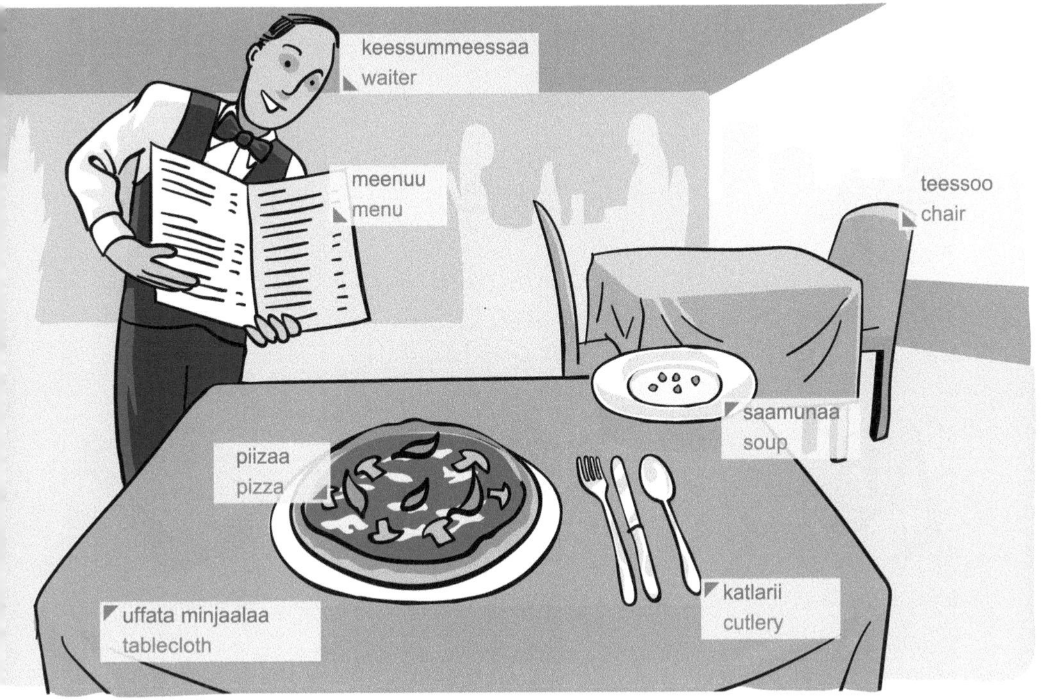
keessummeessaa
waiter
meenuu
menu
teessoo
chair
saamunaa
soup
piizaa
pizza
katlarii
cutlery
uffata minjaalaa
tablecloth

calqabsiisaa
starter

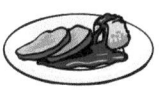

madda muummee
main course

deezaartii
dessert

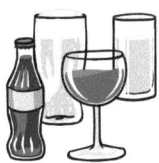

dhugaatii
drinks

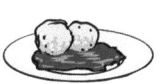

nyaata
food

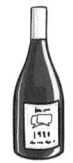

qaruuraa
bottle

nyaata qophaa'aa

fast food

nyaata karaa irraa

street food

markajii shaayii

teapot

qodaa shukkaaraa

sugar bowl

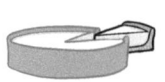

uwwisa

portion

maashina espereessoo

espresso machine

teessoo ol ka'aa

high chair

nagahee

bill

tirii

tray

hlbee

knife

shuukkaa

fork

fal'aana

spoon

fal'aana shaayii

teaspoon

uffrata minjaala nyaataa

serviette

burcuqqoo

glass

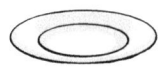

diiriiraa

plate

teessoo saamunaa

soup plate

teessoo siinii

saucer

sugoo

sauce

qodaa sooqiddaa

salt shaker

daaktuu barbaree

pepper mill

hadhooftuu

vinegar

zayita

oil

qimamii

spices

kachappii

ketchup

sanaafica

mustard

maaynoneezii

mayonnaise

suppar maarkeetii
supermarket

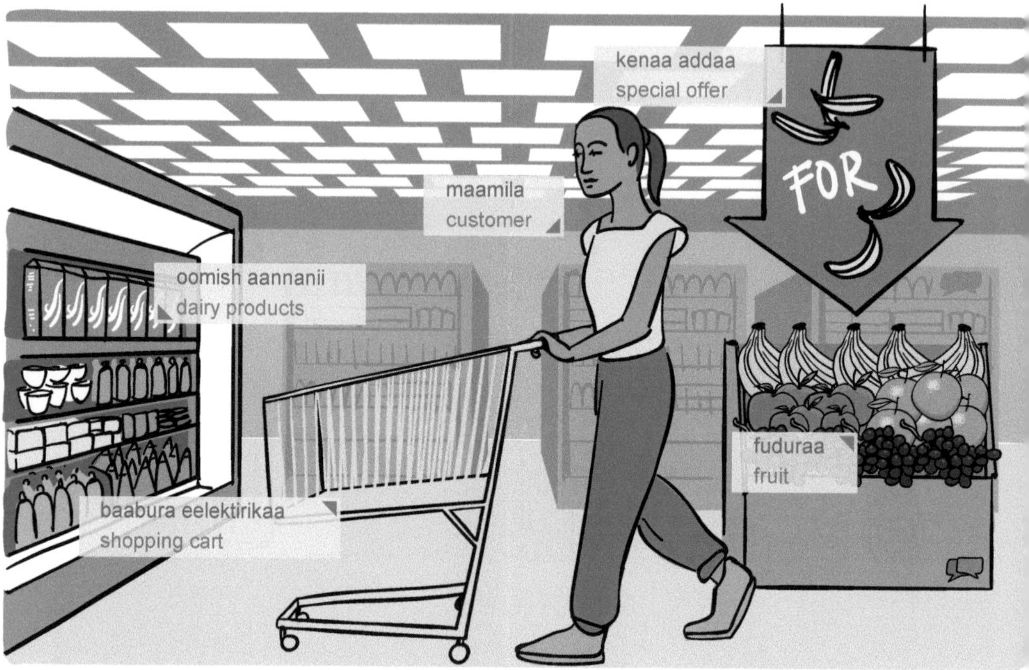
kenaa addaa
special offer
FOR
maamila
customer
oomish aannanii
dairy products
fuduraa
fruit
baabura eelektirikaa
shopping cart

BUTCHERS

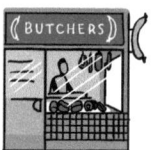

mana foonii

butcher's shop

BAKERY

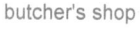

tolchituu

bakery

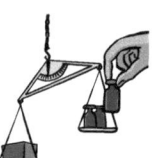

ulfaatina safaruu

weigh

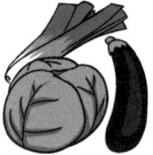

kuduraa

vegetables

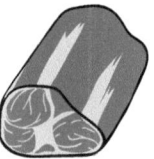

foon

meat

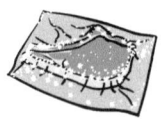

nyaataqorraa

frozen food

foon qorraa

cold cuts

nyaata samsmaa

canned food

oomoo

detergent

mi'aawaa

candy

oomisha meeshaa manaa

household products

bu'aa qulqulleessuu

cleaning products

nama gurgurtaa

sales representative

hanga

cash register

qarshi qabduu

cashier

taree gabaa

shopping list

sa'aatii baniinsaas

opening hours

krojoo qarshii kan dhiiraa

wallet

kireedit kaardii

credit card

korojoo

bag

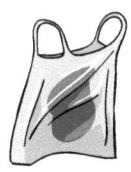

korojoo pilaastikaa

plastic bag

dhugaatii
drinks

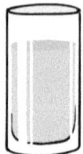

bishaan

water

cuunfaa

juice

aannani

milk

kookii

coke

wayinii

wine

biiraa

beer

alkoolii

alcohol

kookaa

cocoa

shaayii

tea

buna

coffee

espereesso

espresso

kaappuchuunoo

cappuccino

muuzii

banana

aappilii

apple

burtukaana

orange

meeloonii

melon

loomii

lemon

kaarotii

carrot

qullubbii adii

garlic

leemmana

bamboo

qullubbii

onion

jaarsa marqoo

mushroom

godoo

nuts

gowwaa

noodles

ispaageetii

spaghetti

ruuza

rice

salaaxaa

salad

chiipsii

fries

moose affeelamaa

fried potatoes

piizaa

pizza

hmbargarii

hamburger

saanduchii

sandwich

kotaleetii

escalope

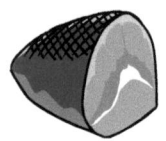

foon booyyee kan luka
fuuiduraa

ham

nyaata mi'eessituu fi
sooggiddan sukkummame

salami

sausage

sausage

lukuu

chicken

waaddii

roast

qurxummii

fish

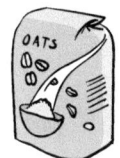

bulluqa aajjaa

porridge oats

masliis

muesli

fandishaa

cornflakes

daakuu

flour

kiroosantii

croissant

daabboo-

bread roll

daabboo

bread

dabboo oo'aa

toast

buskuuta

cookies

dhadhaa

butter

itittuu

curd

keekii

cake

buuphaa

egg

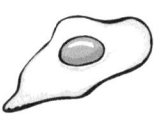

buuphaa affeelamaa

fried egg

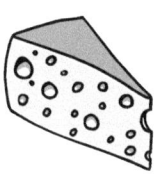

ayibii

cheese

aays kireemii

ice cream

shukkaara

sugar

damma

honey

marmaalaataa

jelly

chokkoleetii bittinnaa'aa

nougat cream

kuurii

curry

qonna
farm

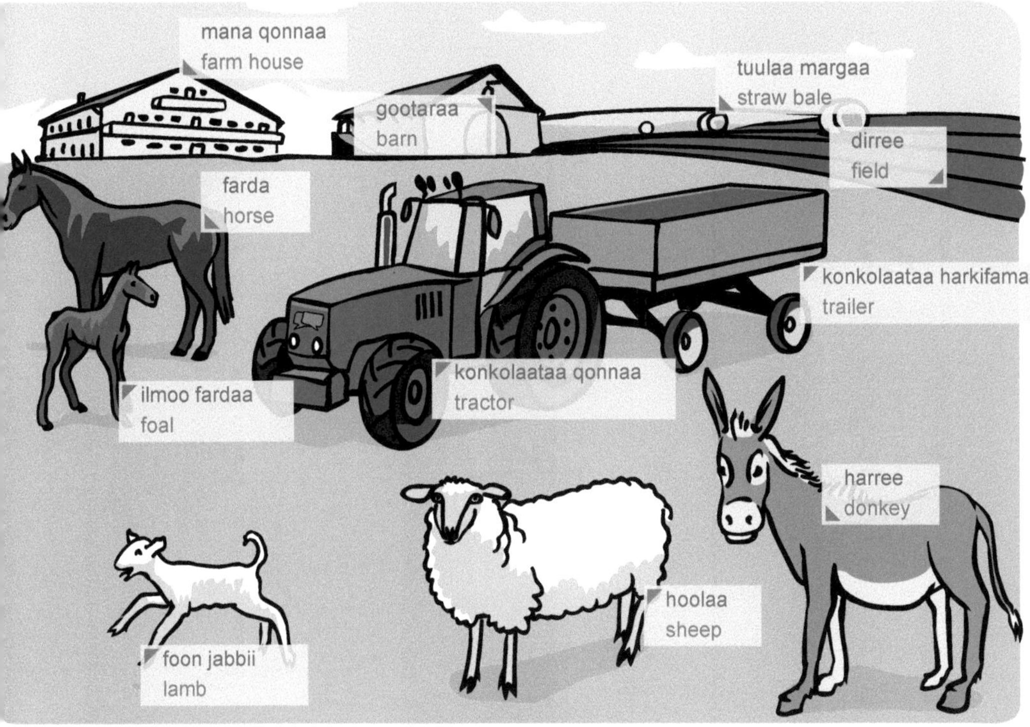
mana qonnaa
farm house
gootaraa
barn
tuulaa margaa
straw bale
dirree
field
farda
horse
konkolaataa harkifamaa
trailer
ilmoo fardaa
foal
konkolaataa qonnaa
tractor
harree
donkey
hoolaa
sheep
foon jabbii
lamb

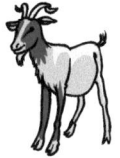

ra'ee

goat

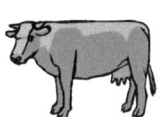

sa'a

cow

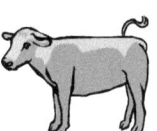

jabbilee

calf

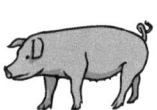

booyyee

pig

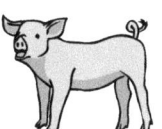

ilmoo booyyee

piglet

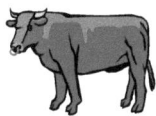

korma

bull

ziyyee
goose

daakkiyyee
duck

lukkuu
chick

lukkuu haadhoo
hen

lukkuu kormaa
cockerel

hantuuta
rat

adurree
cat

hantuuta goodaa
mouse

qotiyyoo
ox

saree
dog

mana saree
dog house

ujjummoo oddoo
garden hose

kan ittin bishaan obaasan
watering can

haamtuu dheeraa
scythe

qotuu
plow

haamtuu

sickle

gasoo

hoe

manshii

pitchfork

qotoo

axe

gaarii goommaa

pushcart

suluula

trough

meeshaa aannanii

milk can

keeshaa

sack

dallaa

fence

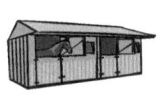

tasgabbii

stable

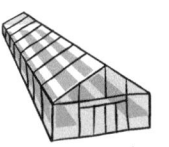

mana biqiltuu

greenhouse

biyyee

soil

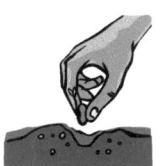

sanyii

seed

dachee gabbistuu

fertilizer

kmbaayinara haamaa

combine harvester

haamuu

harvest

haamuu

harvest

biqiltuu hundeen isaa nyaatamu

yams

qamadii

wheat

sooy

soya

moose

potato

boqqoolloo

corn

raappii siidii

rapeseed

muka fudraa

fruit tree

kzaavaa

manioc

midhaan biilaa

grain

mana
house

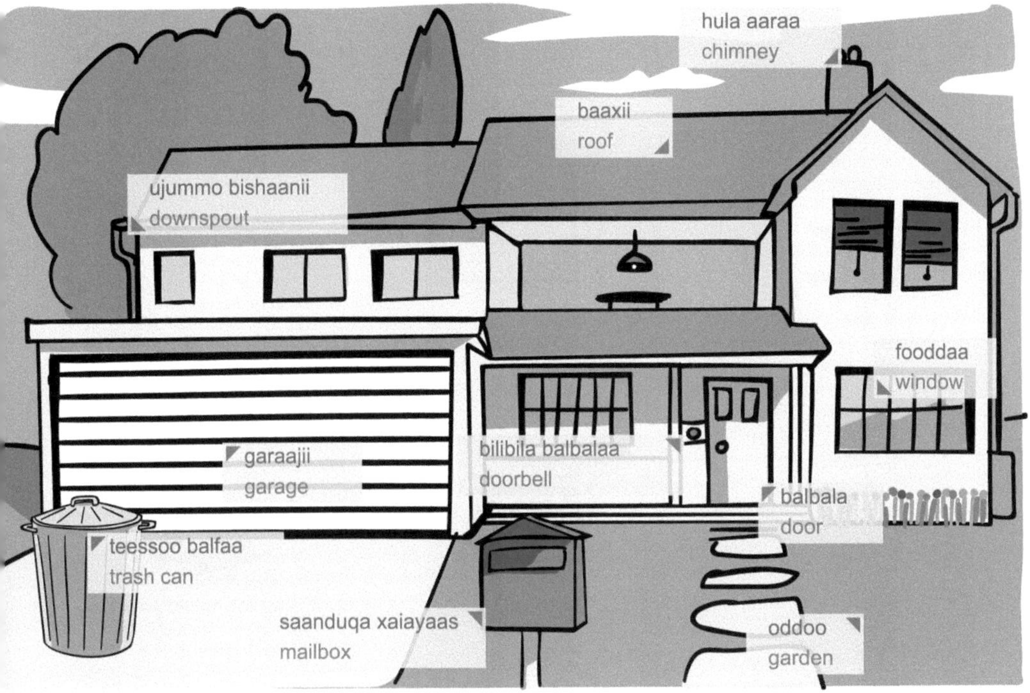
hula aaraa
chimney
baaxii
roof
ujummo bishaanii
downspout
fooddaa
window
garaajii
garage
bilibila balbalaa
doorbell
balbala
door
teessoo balfaa
trash can
saanduqa xaiayaas
mailbox
oddoo
garden

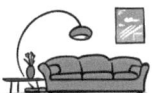

kutaa jireenyaa

living room

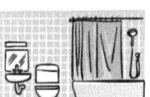

kutaa dhiqannaa

bathroom

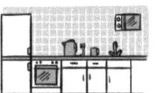

mana bilcheessaa

kitchen

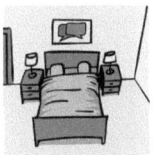

kutaa ciisichaa

bedroom

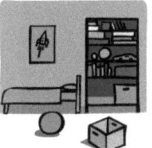

kutaa ijoollee

kids room

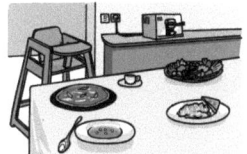

kutaa nyaataa

dining room

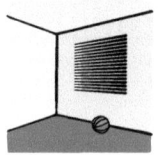

lafa

floor

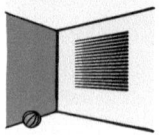

ededaa

wall

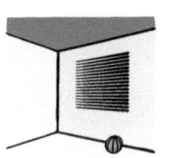

baaxii

ceiling

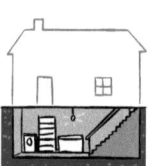

seelaarii

cellar

saawunaa

sauna

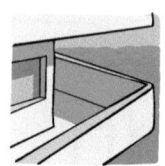

baankoonii

balcony

madaba

terrace

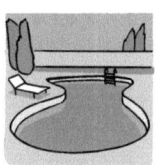

puulii

pool

konkoolaataa haamaa

lawn mower

ansoolaa

sheet

uffata siree

bedspread

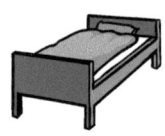

siree

bed

hartuu

broom

baaldii

bucket

cufuu

switch

kutaa jireenyaa
living room

wolpeepparii
wallpaper
fakkii
picture
foon hoolaa
lamp
masalangaa
shelf
kaappi boordiis
cabinet
tleviszinii
television
midijjaa
fireplace
abaaboo
flower
boraatiii
cushion
soofaa
sofa
tessoo abaaboo
vase
too'attuu halaalaa
remote control

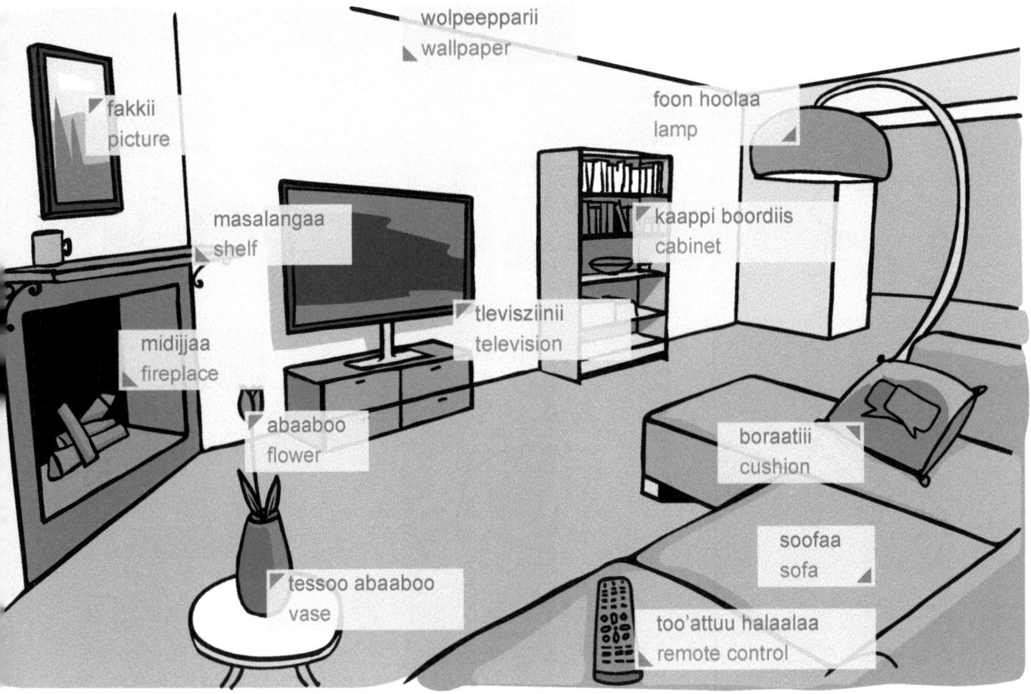

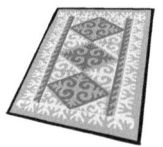

afata
carpet

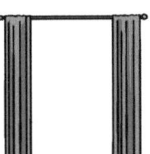

golgaa
drape

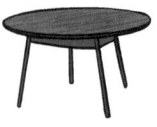

minjaala
table

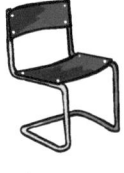

teessoo
chair

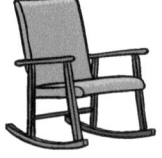

teessoo rarra'aa
rocking chair

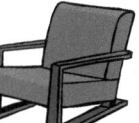

teesoo ciqilffannaa
armchair

kitaaba

book

uffata qorraa

blanket

midhagina

decoration

muka qoraanii

firewood

fiilmii

film

meeshaa

stereo system

furtuu

key

gaazexaa

newspaper

dibuu

painting

barjaa

poster

reedyoonii

radio

daftara yaadanoo

notebook

meeshaa eeleektirikaa afata qulqulleessu

vacuum cleaner

laaftoo

cactus

dungoo

candle

mana bilcheessaa
kitchen

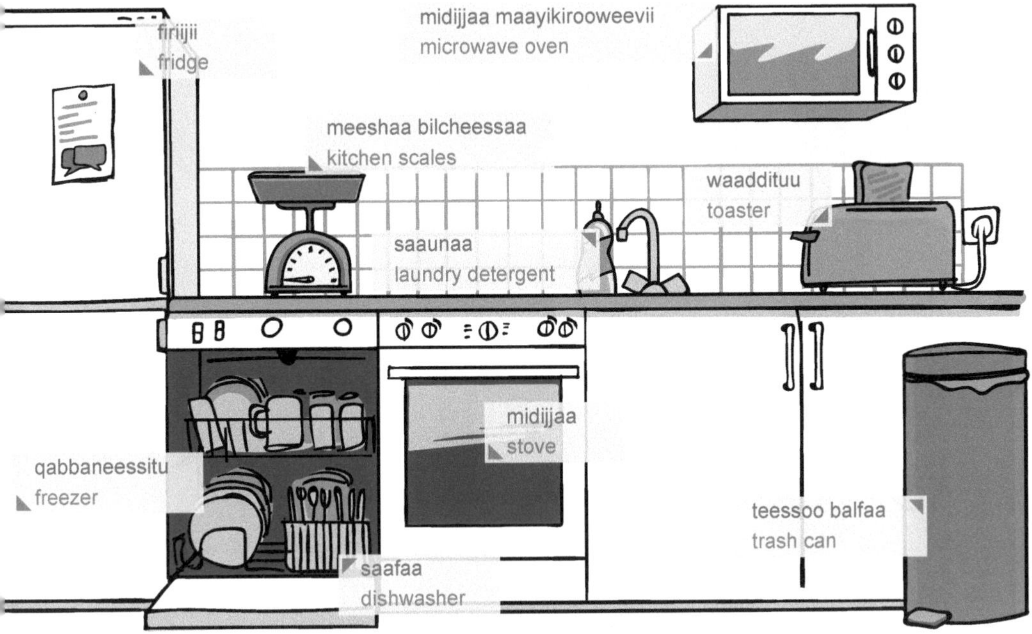
firiijii
fridge
midijjaa maayikirooweevii
microwave oven
meeshaa bilcheessaa
kitchen scales
waaddituu
toaster
saaunaa
laundry detergent
midijjaa
stove
qabbaneessitu
freezer
teessoo balfaa
trash can
saafaa
dishwasher

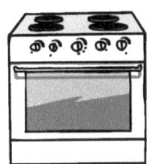

bilcheesssituu
....
cooker

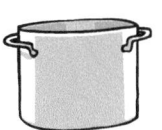

okkotee
....
pot

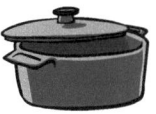

cast-iron pot
....
cast-iron pot

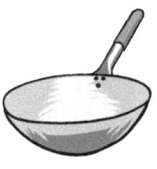

sataatee
....
wok / kadai

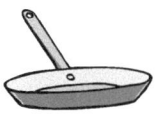

waaddituu
....
pan

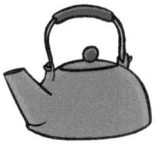

markajii
....
kettle

jabala humna urkaa

steamer

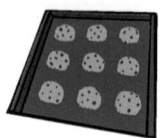

tirii bilcheessaa

baking tray

bantuu qaruuraa

crockery

geeba

mug

sayinaa

bowl

dibata hidhii

chopsticks

cilfaa

ladle

shuukkaa

spatula

areeda aduurree

whisk

dhimbiibduu

strainer

gingilchaa

sieve

meeshaa farfartuu

grater

mooyyee

mortar

waadii abiddaa

barbecue

midijjaa

fireplace

maktafiyaa

chopping board

martuu

rolling pin

bantuu qaruuraa

corkscrew

danda'uu

can

banuu danda'uu

can opener

teesoo okkotee

oven cloth

lixuu

sink

buruushii

brush

ispoonjii

sponge

meeshaa waliin makaa

blender

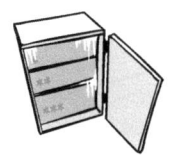

qabbaneessaa guddaa

deep freezer

xuuxxoo

baby bottle

ujjuummoo

tap

kutaa dhiqannaa

bathroom

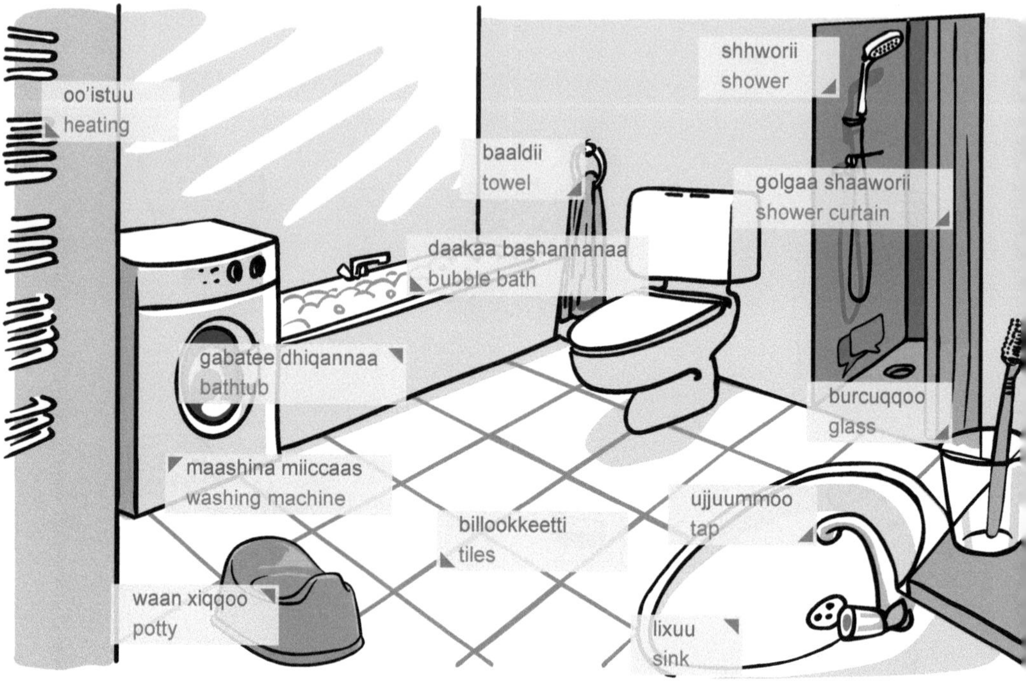

oo'istuu
heating
baaldii
towel
shhworii
shower
golgaa shaaworii
shower curtain
daakaa bashannanaa
bubble bath
gabatee dhiqannaa
bathtub
burcuqqoo
glass
maashina miiccaas
washing machine
ujjuummoo
tap
billookkeetti
tiles
waan xiqqoo
potty
lixuu
sink

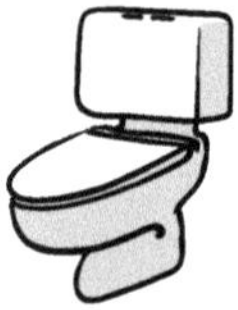

mana fincaanii

toilet

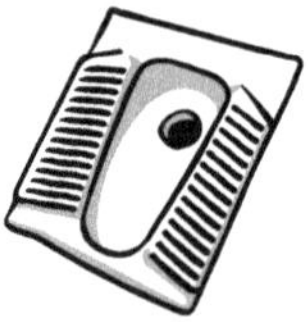

mana fincaanii taa'e

squat toilet

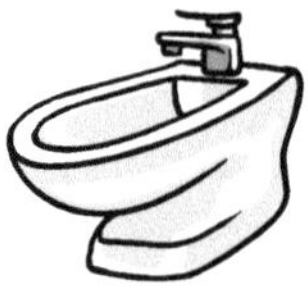

saafaa

bidet

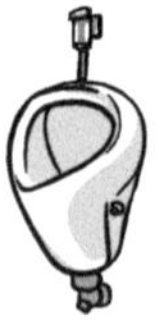

sahiinaa mana fincaanii

urinal

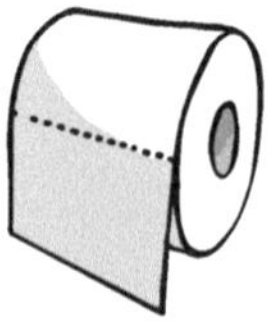

sooftii

toilet paper

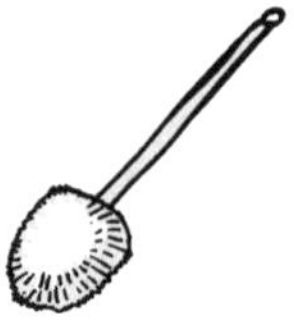

burusha mana fincaanii

toilet brush

buruushii ilkaanii

toothbrush

saamunaa ilkaanii

toothpaste

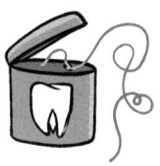

soqxuu ilkaanii

dental floss

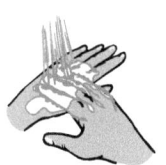

dhiquu

wash

qaama dhiqannaa aadaa

hand shower

kan dach

douche

sulula

basin

mana dhiqataa

back brush

saamunaa

soap

dibata dhiqannaa boodaa

shower gel

shaampuu

shampoo

jejuu

flannel

gogsuu

drain

kireemii

creme

dodoraantii

deodorant

daawitii

mirror

daawitii hrkaa

hand mirror

milaacii

razor

dibata areedaas

shaving foam

diibata areedaa

aftershave

filaa

comb

burusha

brush

qoorsituu rifeensaa

hair-dryer

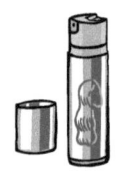

hafuuftuu rifeensaa

hairspray

meekaappii

makeup

lippistiikii

lipstick

qeessa muculiksituu

nail varnish

jirbii

cotton wool

murtuu qeessa

nail scissors

shittoo

perfume

korojoo dhiqannaa

washbag

gatteechuma

stool

iskeelii ulfaatinaa

weighing scales

uffata dhiqannaa

bathrobe

guwaantii pilaastikaa

rubber gloves

moodesii

tampon

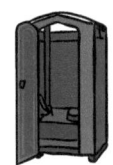

fooxaa qulquulinaa

sanitary towel

keemikaala mana fincaanii

chemical toilet

kutaa ijoollee
kids room

sa'aatii alaarmii
alarm clock
Eebbiyyoo Hammatamu
cuddly toy
konkolaatt ijollee
toy car
hasaasuu
rattle
mana eebbiyyo
doll's house
jira
present

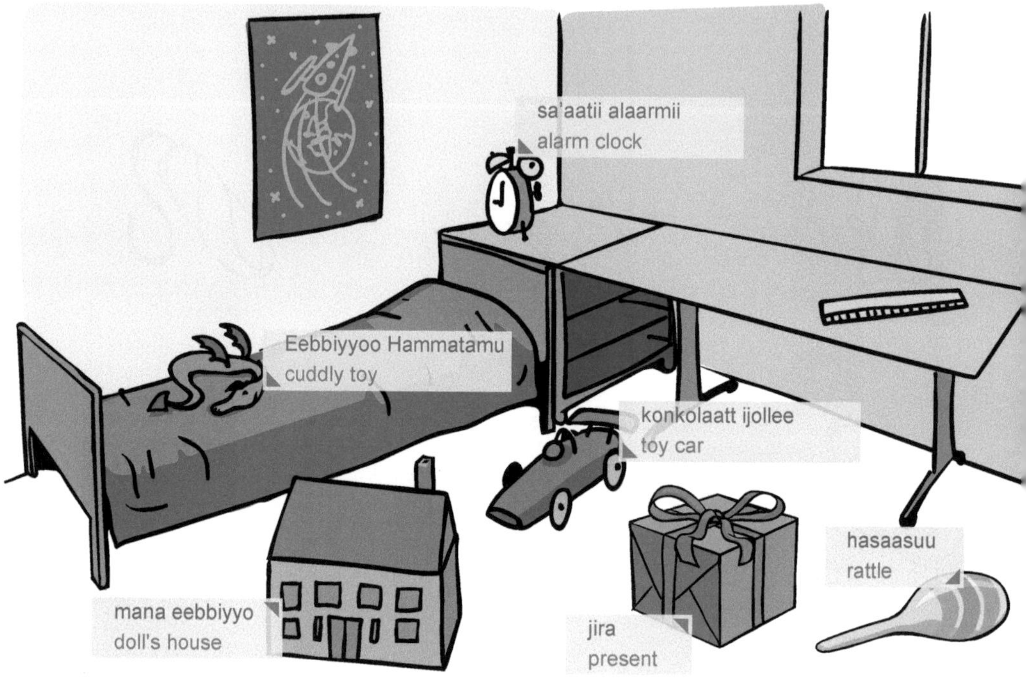

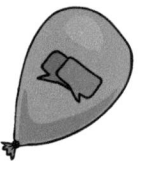

baaloonii

balloon

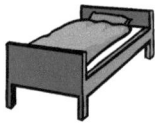

siree

bed

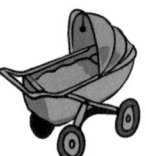

gaarii daa'imaa

stroller

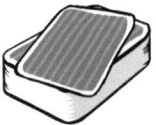

Minjaala Kaardii

deck of cards

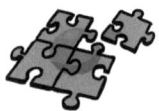

akaafaa

jigsaw

kofalchiisaa

comic

lego bricks

lego bricks

dlookii ijaarsaa

toy blocks

lakkofsa gochaa

action figure

guddina daa'imaa

romper suit

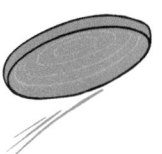

saahinaa taphaa

frisbee

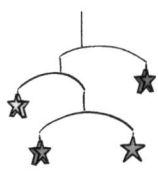

mobaayilii

mobile

gabatee taphaa

board game

kuubii lakk. 1-6 qabu

dice

teessuma leenji'aa modeelaa

model train set

fakkii

pacifier

afeerrii

party

kitaaba fakii

picture book

kubbaa

ball

eebiyyoo

doll

tapha

play

boolla cirrachaa

sandpit

hodhuu

swing

eebbiyyoo

toys

konsoli tapha viidyoo

video game console

marsaa sadii

tricycle

eebiyyo hammatamtu

teddy bear

sanduqaa dhaabbii

wardrobe

cuufinsa

clothing

kaalsii

socks

istookingii

stockings

taayitii

tights

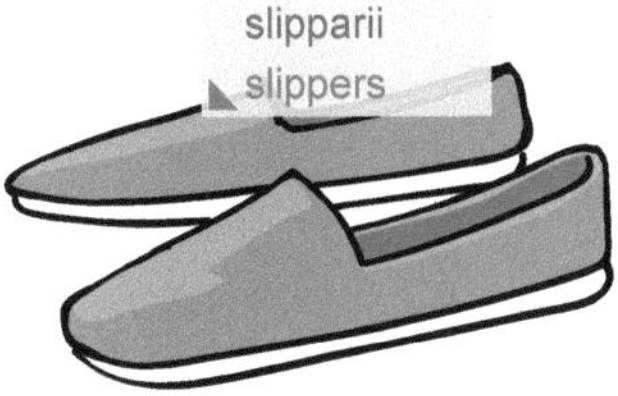

guftaa
scarf

dibaaboo
umbrella

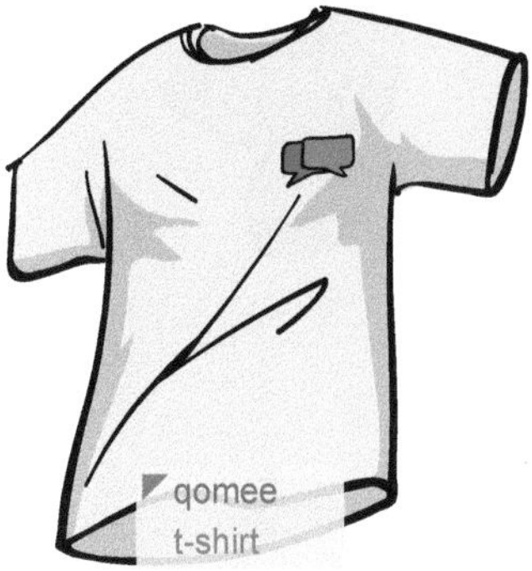

qomee
t-shirt

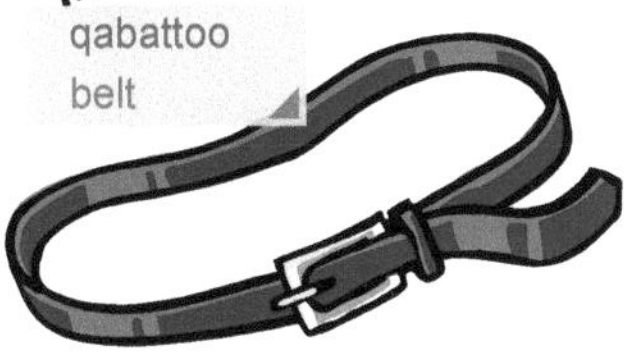

qabattoo
belt

bidiruuwwan
boots

slipparii
slippers

leenjitoota
sneakers

kophee banaa
sandals

kophee
shoes

bidiruu pilaastikaa
rubber boots

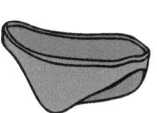

butaantaa
underwear

harmaa
bra

sadariyyaa
undershirt

qaama

body

kofoo dheeraa

pants

jiinsii

jeans

dalgee

skirt

shamiza

blouse

shurraaba

shirt

shurraaba

pullover

haaguuggii jaakkeettii

sweater

yuunifoormii

blazer

jaakkeettii

jacket

kootii

coat

kafana roobaa

raincoat

barsuma

costume

wandaboo

dress

kafana gaa'ilaa

wedding dress

kafana guutuu

suit

uffata halkanii

nightgown

bijaamaa

pajamas

wandaboo hindii

sari

guftaa

headscarf

marata

turban

burqaa

burka

jalabiyyaa

kaftan

abaya

abaya

kafana daakkaa

swimsuit

mudhii

trunks

kofoo gabaabaa

shorts

kafanafgichaa

tracksuit

appiroonii

apron

guwwaantii

gloves

furtuu

button

burcuqqoowwan

glasses

gumee

bracelet

amartii

necklace

qubeelaa

ring

glii

earring

geeba

cap

fanoo kootii

coat hanger

qoobii

hat

karbaata

tie

ziippii

zip

heelmeetii

helmet

collee

braces

uffata mana baruumsaa

school uniform

yuunifoormii

uniform

cuufinsa - clothing

kafana gorooraa
bib

fakkii
pacifier

naappii
diaper

waajjira
office

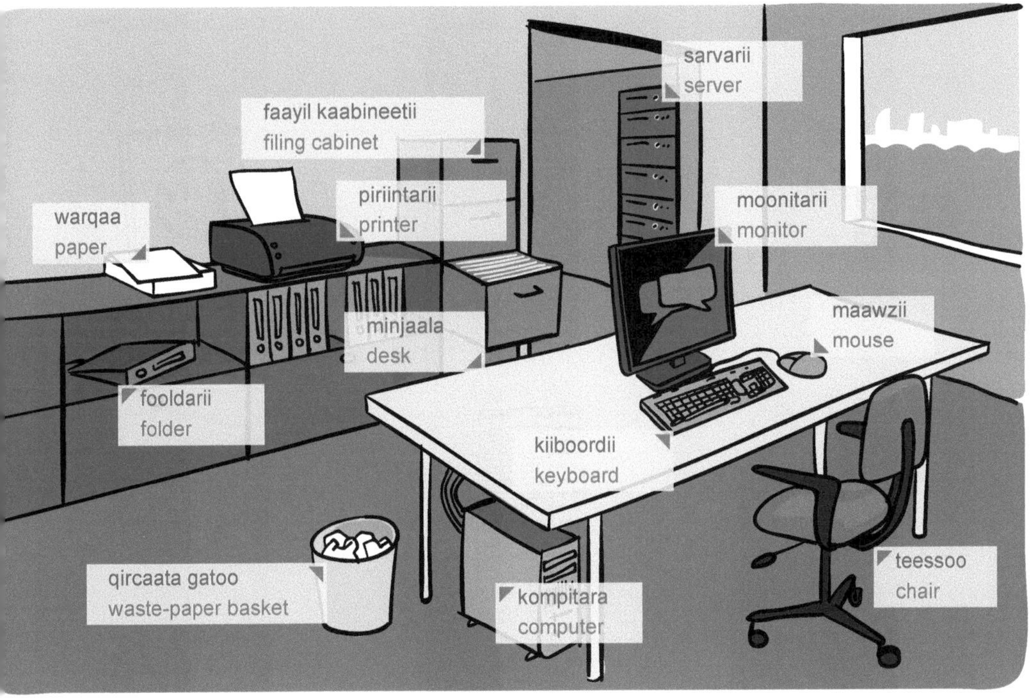

faayil kaabineetii
filing cabinet

sarvarii
server

piriintarii
printer

moonitarii
monitor

warqaa
paper

minjaala
desk

maawzii
mouse

fooldarii
folder

kiiboordii
keyboard

qircaata gatoo
waste-paper basket

kompitara
computer

teessoo
chair

siinii bunaa
coffee mug

herregduu
calculator

intarneetii
internet

lab tooppii

laptop

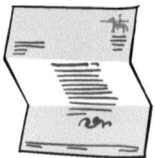

xalaya

letter

ergaa

message

mobbyilii

cell phone

neetwoorkii

network

maashina footokoppii

photocopier

sooft weerii

software

bilbila

telephone

sookkeetii suuqii

plug socket

maashina faaksiis

fax machine

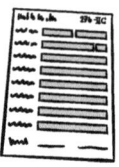

uunkaa

form

dookimantii

document

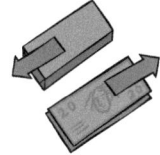

bituu

buy

kafaluu

pay

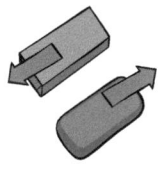

daldaluu

trade

qarshii

money

doolaara

dollar

yuroou

euro

yen

yen

ruubilii

rouble

Farankaa swwiz

Swiss franc

yuwaanii reenmiinbii

renminbi yuan

ruuppee

rupee

kaash pooyintii

cash point

biiroo de cheenjee

currency exchange office

warqee

gold

meeta

silver

zayita

oil

human

energy

gatii

price

koontiraata

contract

taaksii

tax

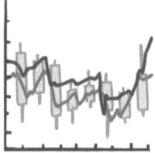

shaqaxa

stock

hojjechuu

work

qacaramaa

employee

qacaraa

employer

faabrikaas

factory

dukkaana

shop

hojii
occupations

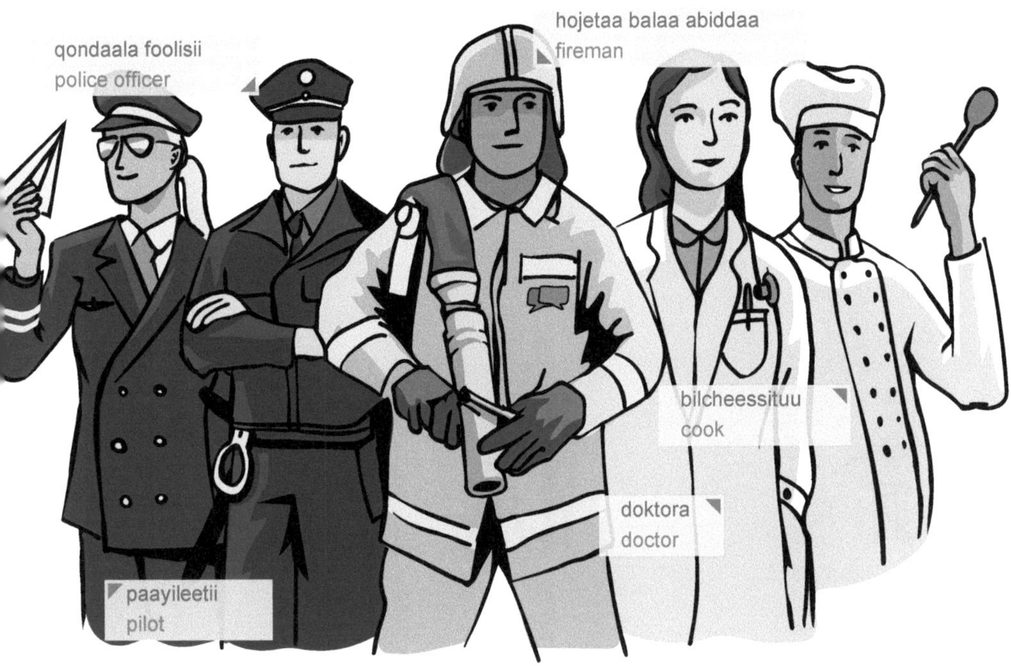
qondaala foolisii
police officer
hojetaa balaa abiddaa
fireman
bilcheessituu
cook
doktora
doctor
paayileetii
pilot

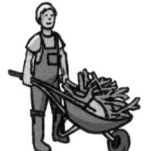

waardiyyaa

gardener

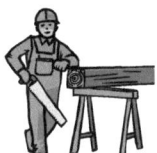

ogeessa mukaa

carpenter

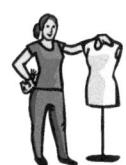

ooftuu jabalaa

seamstress

abbaa seeraa

judge

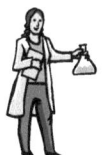

keemistii

chemist

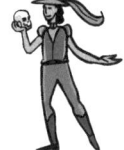

ta'aa

actor

konkolaachisaa

bus driver

konkolaachisaataaksii

taxi driver

qurxumii kiyyeessaa

fisherman

qulqulleessituu

cleaning lady

hojetaa baaxii

roofer

keessummeessaa

waiter

adamisituus

hunter

halluu dibduu

painter

tolchituu

baker

elektrishaana

electrician

ijaaraa

builder

injinara

engineer

mana foonii

butcher

hjjetaa ujummoo

plumber

poostaa geessituu

postman

raayyaa

soldier

arkteektii

architect

qarshi qabduu

cashier

abaaboo gurgurtuu

florist

dabbasaa murtuu

hairdresser

kondaaktara

conductor

makaanika

mechanic

kaappiteenii

captain

hakiima ilkee

dentist

saayntiistii

scientist

rabbi

rabbi

imaama

imam

moloskee

monk

luba

pastor

meeshaalee

tools

burruusa
hammer
hiktuu cufamu
pliers
hiiktuu
screwdriver
hiktuu
wrench
daamotii--
torch

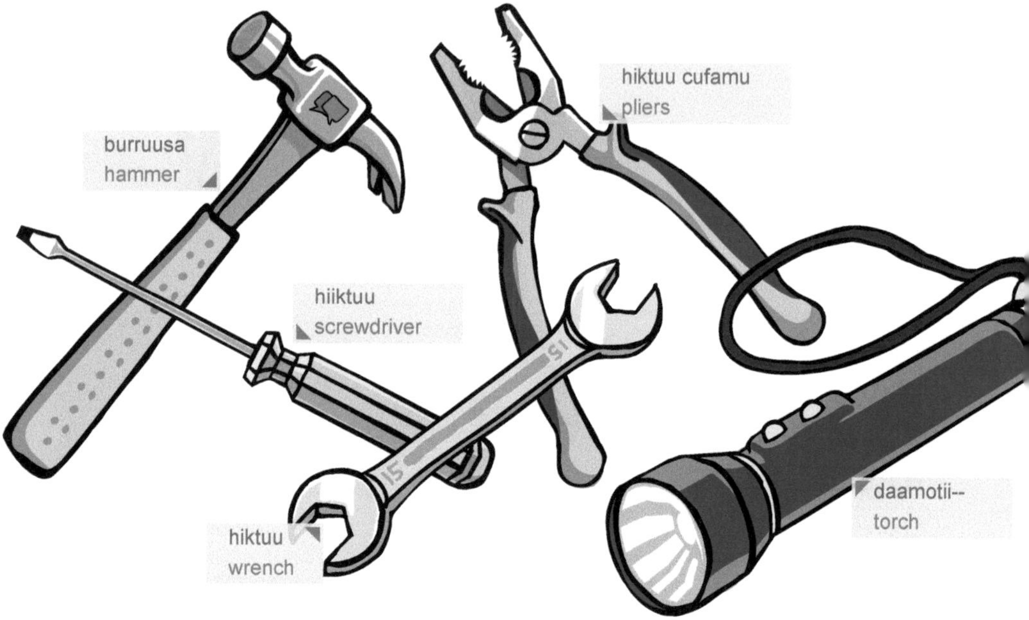

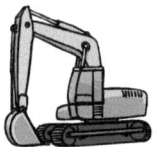

gasoo

excavator

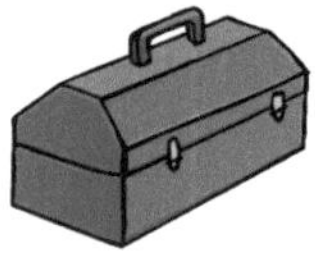

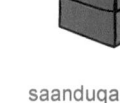

saanduqa meeshhalee

toolbox

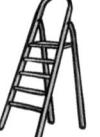

kortoo

ladder

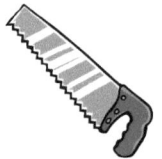

magaazii

saw

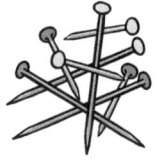

bismaara

nails

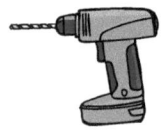

diriilii

drill

suphuu

repair

akaafaa

shovel

dhaabi

Damn!

gataa balfaa

dustpan

qodaa haalluu

paint can

hiktuu

screws

meeshaalee muuziqaa
musical instruments

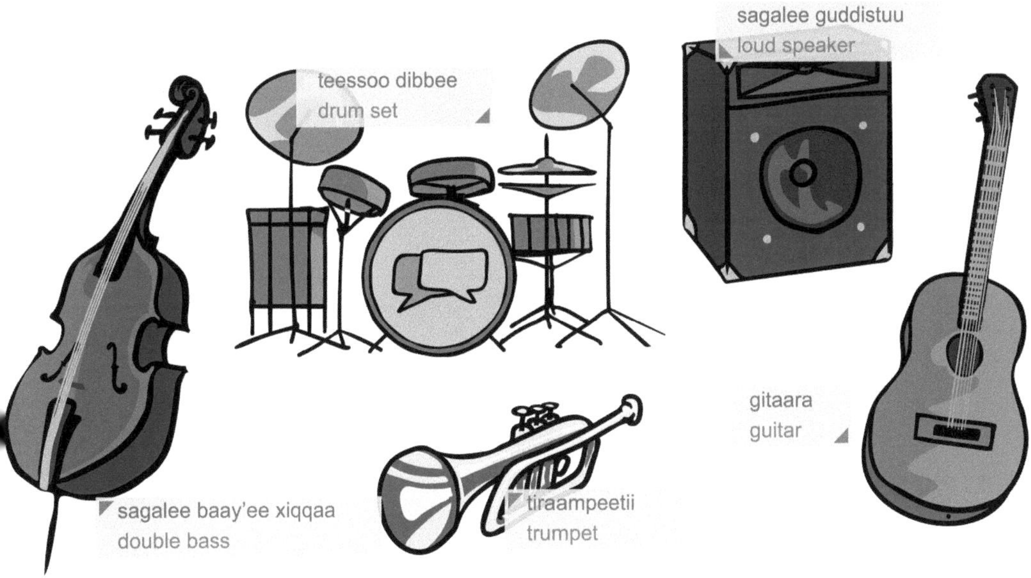

sagalee guddistuu
loud speaker

teessoo dibbee
drum set

gitaara
guitar

sagalee baay'ee xiqqaa
double bass

tiraampeetii
trumpet

piyaanoo

piano

vaayoolinii

violin

sagalee xiqqaa

bass

timpaanii

timpani

dibbee

drums

kiiboordii

keyboard

saaksi foona

saxophone

ulullee

flute

may craafoona

microphone

dallaa beeladaa

zoo

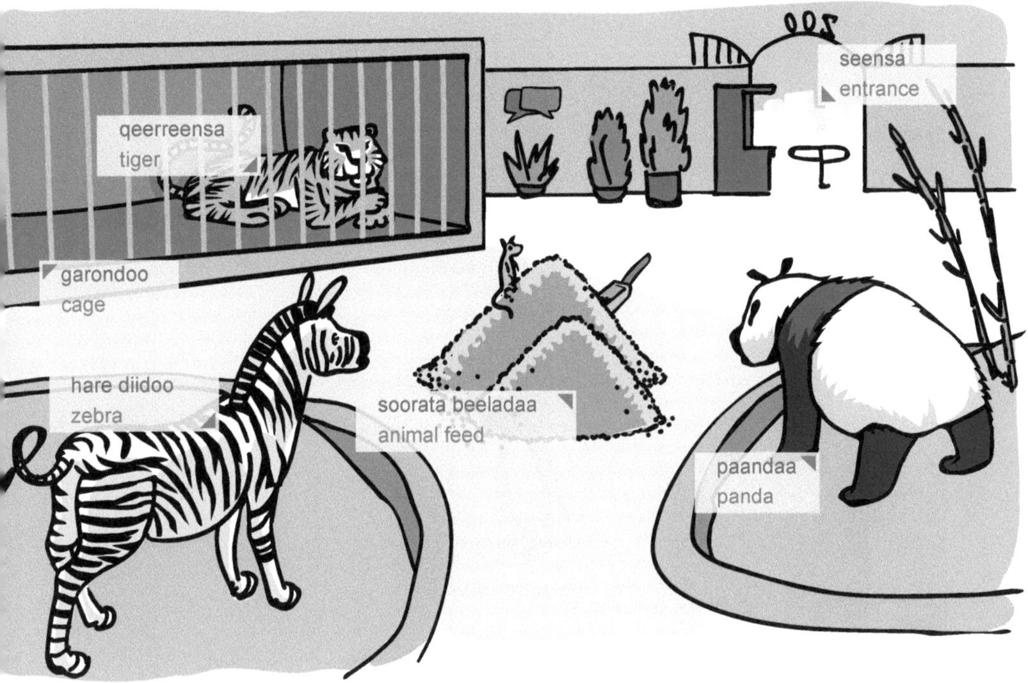

qeerreensa
tiger
seensa
entrance
garondoo
cage
hare diidoo
zebra
soorata beeladaa
animal feed
paandaa
panda

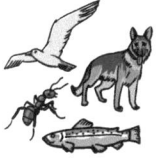

beeladoota

animals

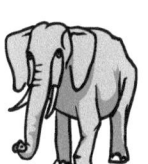

arba

elephant

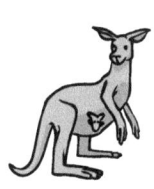

kaangaaroo

kangaroo

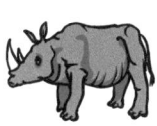

warseesa

rhino

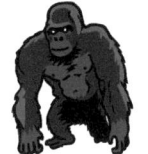

jaldeessa guddaa

gorilla

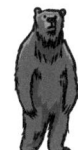

godaa

bear

gala

camel

guchii

ostrich

leenca

lion

jaldeessa

monkey

fiilaamingoo

flamingo

simbira dubbattu

parrot

diibii poolarii

polar bear

peengyuunii

penguin

shaarkii

shark

piikookii

peacock

bofa

snake

qocaa

crocodile

eegaa zoo

zookeeper

chaappaa

seal

sanyii qeerensaa

jaguar

farda gabaabduu

pony

sanyii qeerrensaa

leopard

roobii

hippo

sattaawwaa

giraffe

culullee

eagle

ifaannaa

boar

qurxummii

fish

qocaa galaanaa

turtle

beelada bishaan keessaa

walrus

sardiida

fox

godaa

gazelle

kubbaa miilaa ameerikaa
American football

dargmmii bishkilileettaa
cycling

teenisa
tennis

kubba kaachoo
basketball

bishaan daakkaa
swimming

aboottoo
boxing

sigigoo cabbie
ice hockey

kubbaa miilaa
....
soccer

baadmentanii
....
badminton

atileetii
....
athletics

kubba harkaa
....
handball

skiing
....
skiing

pooloo
....
polo

sochii
activities

kolfa
laugh
utaalcha
jump
hammachuu
hug
deemuu
walk
sirbuu
sing
abjuu
dream
kadhannaa
pray
dhungoo
kiss

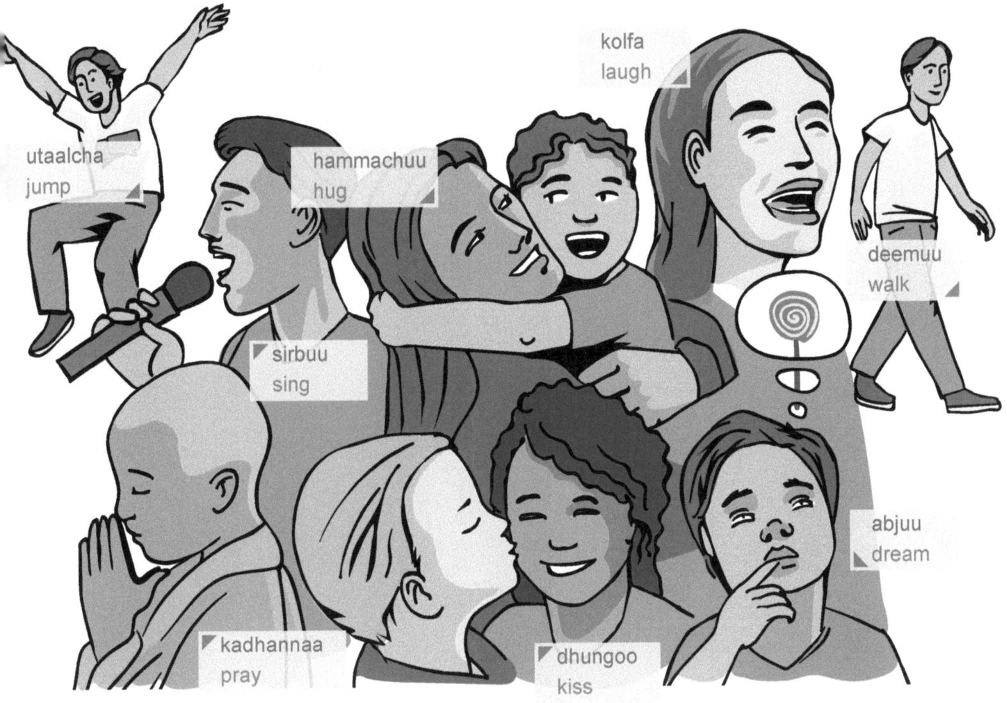

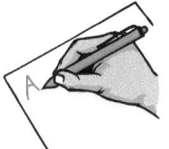

barreessuu

write

fakkii kaasuu

draw

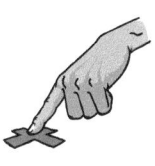

agrsiisuu

show

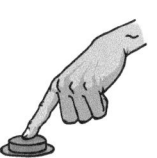

dhiibuu

push

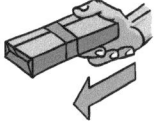

kennuu

give

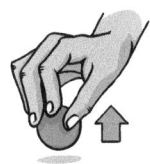

fudhachuu

take

qabaachuu

have

gochuu

do

ta'uu

be

dhaabbachuu

stand

kaachuu

run

harkisuu

pull

darbachuu

throw

kufuu

fall

soba

lie

eeguu

wait

baachuus

carry

taa'uu

sit

uffachuu

get dressed

rafuu

sleep

dammaquu

wake up

ilaaluu

look at

iyyuu

cry

dhiibbaa dhiigaa

stroke

filuu

comb

haasa'uu

talk

hubachuu

understand

gaafachuu

ask

dhggeeffachuu

listen

dhuguu

drink

nyaachuu

eat

ol kaasuu

tidy up

jaalala

love

bilcheessuus

cook

oofuu

drive

barrisuu

fly

jabalan

sail

heerregii

calculate

dubbisuu

read

baruumsa

learn

hojjechuu

work

fuudha

marry

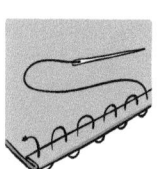

hodhuu

sew

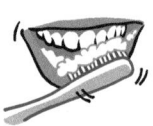

ilkaan rigachuu

brush teeth

ajjeecha

kill

xuuxuu

smoke

erguu

send

warra
family

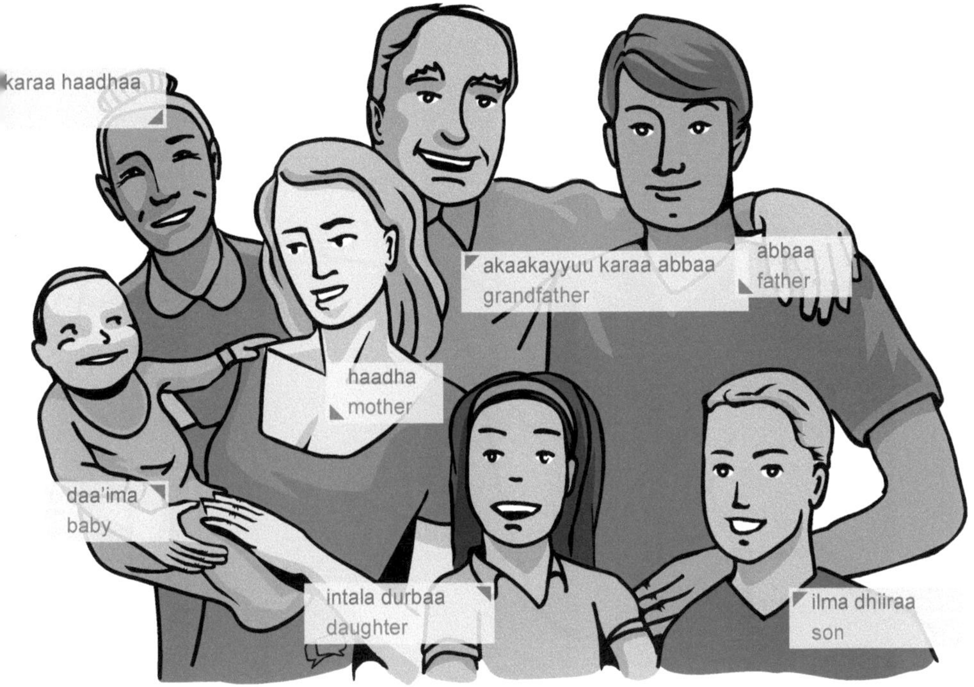
karaa haadhaa
akaakayyuu karaa abbaa
grandfather
abbaa
father
haadha
mother
daa'ima
baby
intala durbaa
daughter
ilma dhiiraa
son

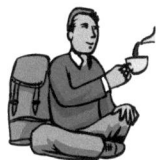

keessummaas

guest

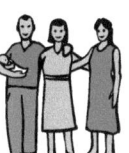

adaadaa

aunt

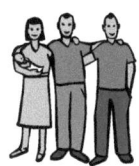

eessuma

uncle

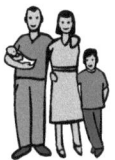

obboleessa

brother

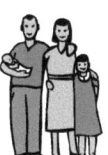

obboleettii

sister

qaama
body

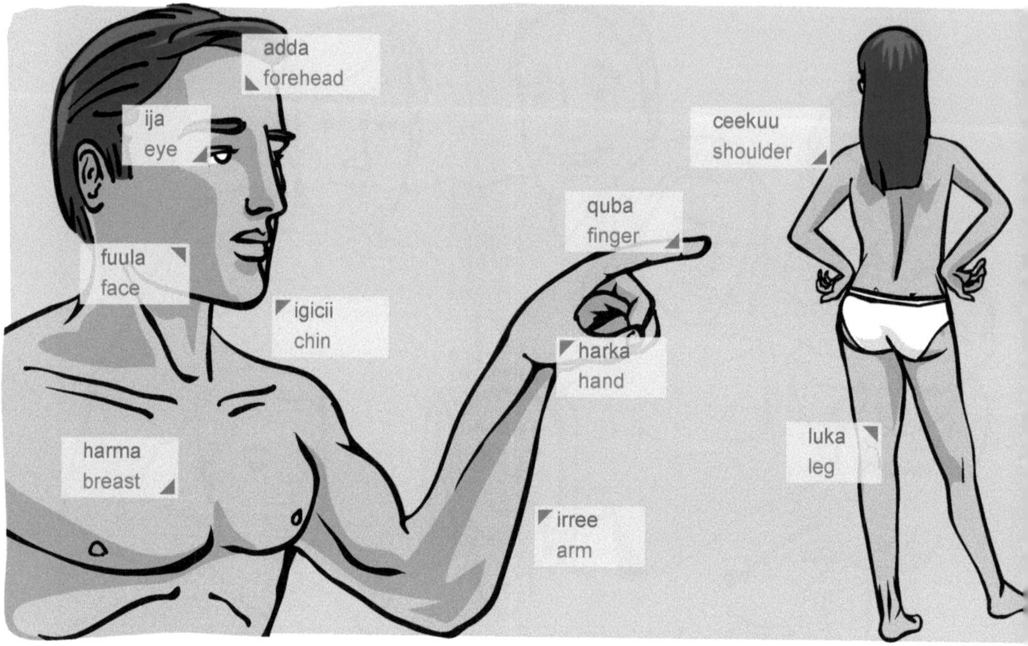
adda
forehead
ija
eye
ceekuu
shoulder
quba
finger
fuula
face
igicii
chin
harka
hand
luka
leg
harma
breast
irree
arm

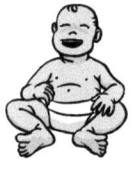

daa'ima

baby

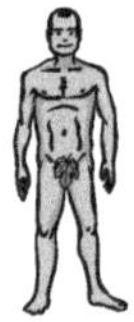

nama

man

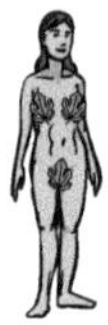

dubartii

woman

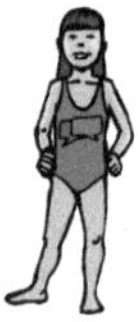

durba

girl

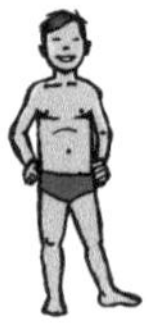

mucaa

boy

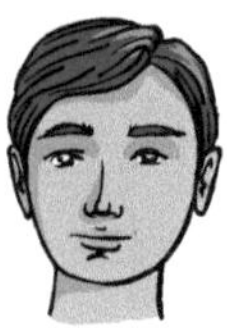

mataa

head

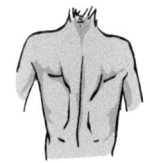

duuba

back

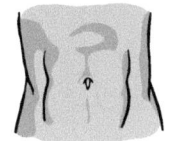

godhami

belly

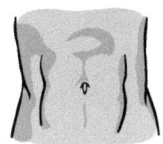

belly button

navel

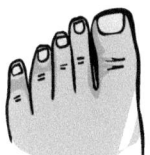

qubq miilaa

toe

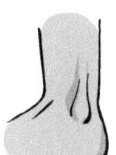

koomee

heel

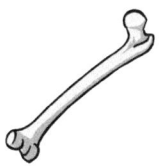

lafee

bone

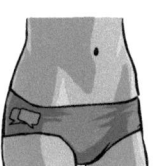

dirra

hip

jilba

knee

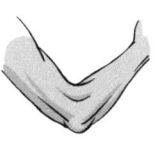

ciqilee

elbow

fuunyaan

nose

jala

buttocks

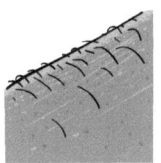

gogaa

skin

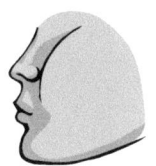

boqoo

cheek

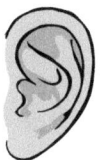

gurra

ear

hidhii

lip

qaama - body

afaan

mouth

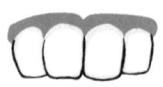

ilkee

tooth

arraba

tongue

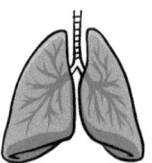

sammuu

brain

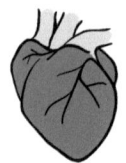

onnee

heart

fon irree

muscle

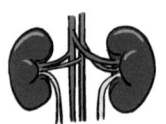

somba

lung

tiruu

liver

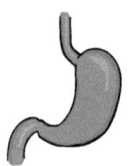

garaacha

stomach

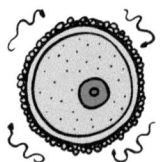

kaleewwan

kidneys

wal qunnamitii saalaa

sex

kondomii

condom

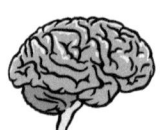

buphaa dubartii

ovum

mi'oo

semen

ulfa

pregnancy

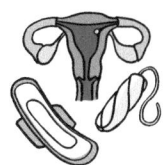

laguu ji'aa
....
menstruation

buqushaa
....
vagina

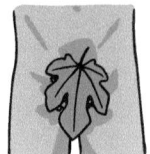

tuffee
....
penis

laboobbaa ijaa
....
eyebrow

rifeensa
....
hair

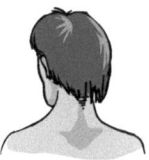

morma
....
neck

hospitaala
hospital

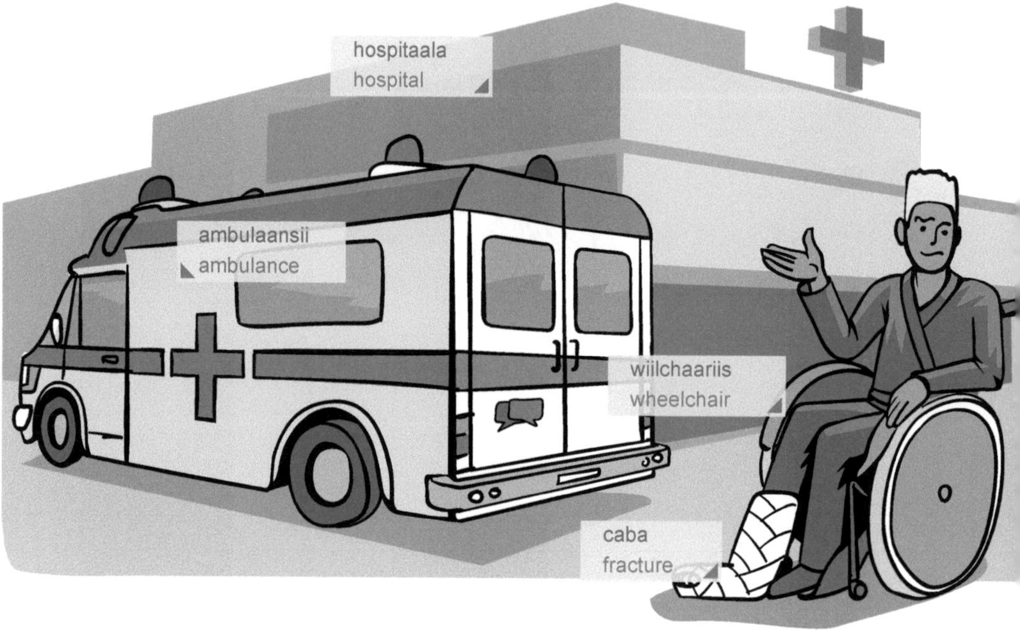

hospitaala
hospital
ambulaansii
ambulance
wiilchaariis
wheelchair
caba
fracture

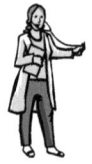

doktora

doctor

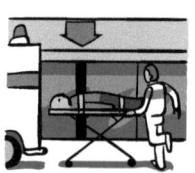

kutaa hatattamaa

emergency room

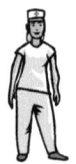

narsii

nurse

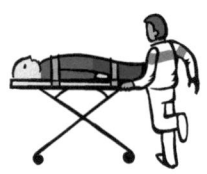

hatattama

emergency

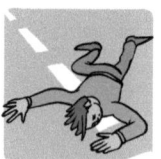

kan hin dammaqin

unconscious

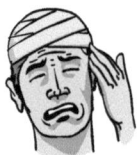

dhukkubbii

pain

miidhhaa

injury

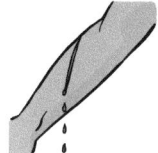

dhiiguu

bleeding

dhukkuba onnee

heart attack

baay'ina dhiigaa

stroke

hooqxoo

allergy

qufaa

cough

oo'aa qaamaa

fever

qufaa

flu

baasaa

diarrhea

bowoo mataa

headache

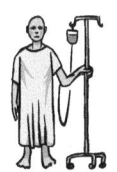

kaansarii

cancer

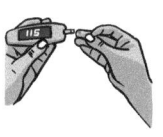

dhibee sukkaaraa

diabetes

baqaqsanii hodhuu

surgeon

halbee

scalpel

hojii

operation

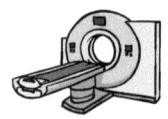

CT
CT

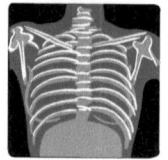

raajii
x-ray

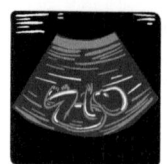

aaltraasaawandii
ultrasound

haguuggii fuuiaa
face mask

dhukkuba
disease

kutaa haar galfii
waiting room

hirkannaa
crutch

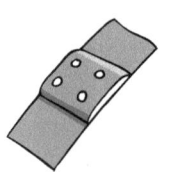

pilaastara
plaster

baandeejii
bandage

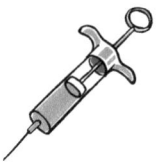

limmoo waraanuu
injection

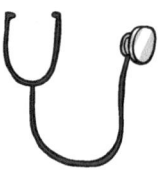

isteetskooppi
stethoscope

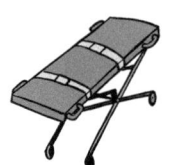

siree dhukkubsataa
stretcher

termoo meetira klinikaa
clinical thermometer

dhaloota
birth

ulfaatinaa ol
overweight

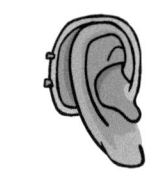

gargaaraa dhageettii

hearing aid

qoricha aramaa

disinfectant

miidhama keessaa

infection

vaayirasa

virus

ECH AAIVII / EEDSII

HIV / AIDS

qoricha

medicine

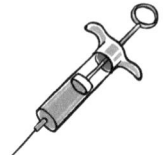

talaallii

vaccination

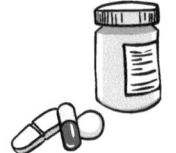

kiniinii

tablets

kiniinii

pill

waamicha hatattamaa

emergency call

too'attuu dhiibbaa dhiigaa

blood pressure monitor

dhukkuba / fayyaa

ill / healthy

gargaarsa!

Help!

alaarmiis

alarm

weerara

assault

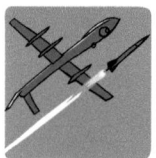

miidhuu

attack

suukaneessaa

danger

baha hatattamaa

emergency exit

abidda

Fire!

abidda dhaamisituu

fire extinguisher

balaa

accident

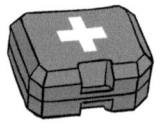

saanduqa gargaasa
calqabaa

first-aid kit

Sii'oosii

SOS

foolisii

police

awurooppaa

Europe

ameerikaa kabaa

North America

ameerikaa kibbaa

South America

afrikaa

Africa

eesiyaa

Asia

awustraaliyaa

Australia

atilaantik

Atlantic

paasfiik

Pacific

galaana hindii

Indian Ocean

galaana antaartikaa

Antarctic Ocean

galaana arkitiik

Arctic Ocean

polii kaabaa

North pole

polii kibbaa

South pole

antaartikaa

Antarctica

dachee

earth

dachee

land

garba

sea

odola

island

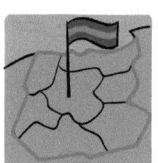

lammii

nation

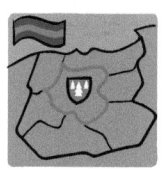

kutt biyyaa

state

clock face

clock face

sa'aatii kana

hour hand

daqiiqaa kana

minute hand

moofaa

second hand

yeroon meeqa ta'ee?

What time is it?

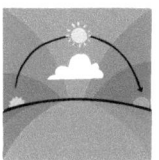

guyyaa

day

yeroo

time

amma

now

sa'aatii diiskoo

digital watch

daqiiqaa

minute

sa'aatii

hour

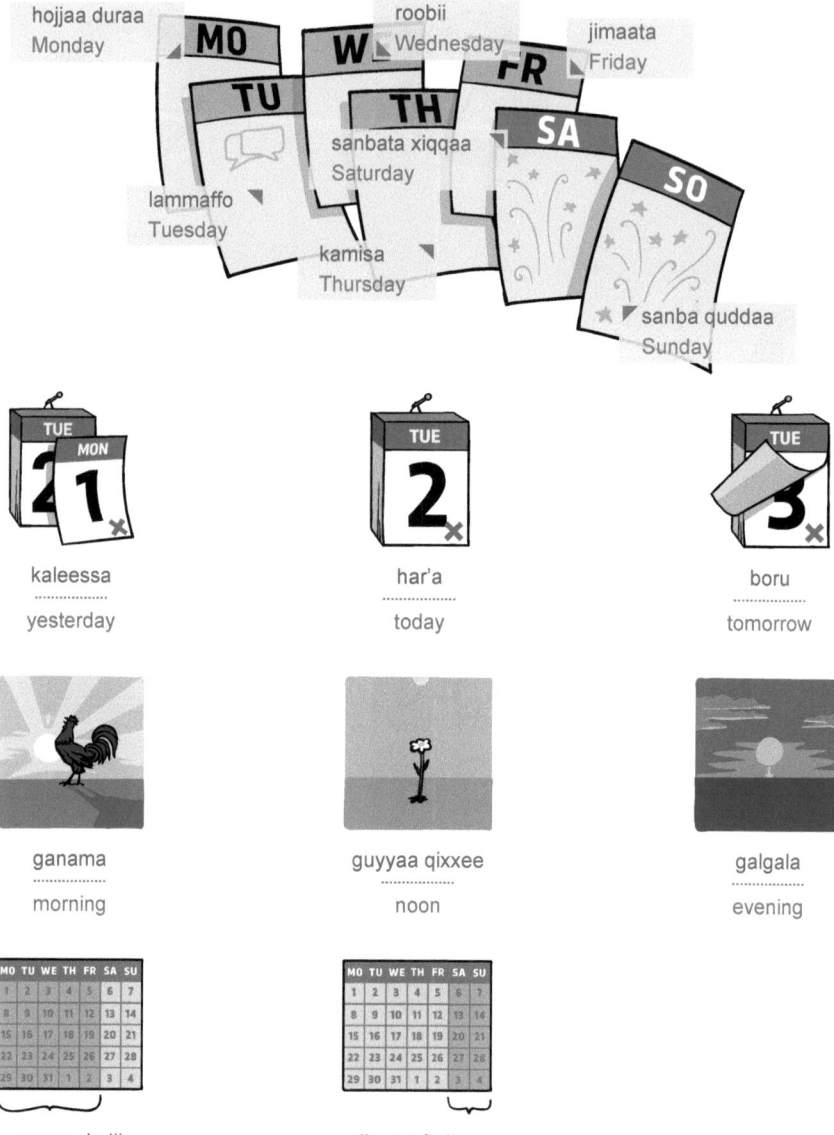

hojjaa duraa
Monday

roobii
Wednesday

jimaata
Friday

lammaffo
Tuesday

sanbata xiqqaa
Saturday

kamisa
Thursday

sanba quddaa
Sunday

kaleessa
yesterday

har'a
today

boru
tomorrow

ganama
morning

guyyaa qixxee
noon

galgala
evening

guyyaa hojii
workdays

dhuma forbee
weekend

rooba
rain

sabbata waaqqaa
rainbow

bubbee
wind

cabbii
snow

birraa
spring

bona
summer

arfaasaa
fall

ganna
winter

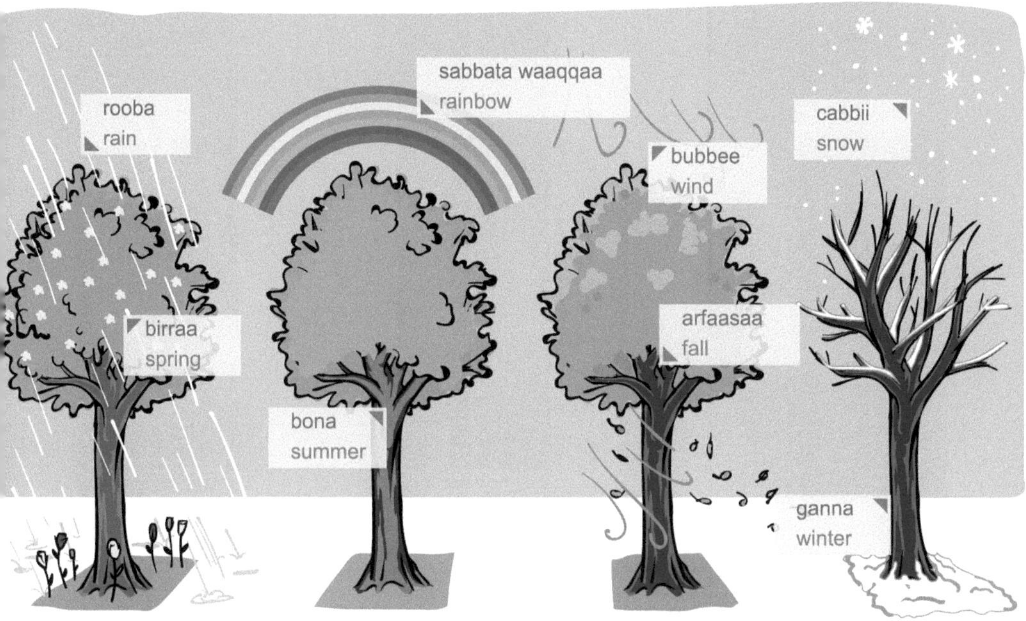

raaga haala qileensaa

weather forecast

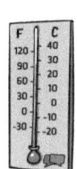

teermoomeetirii

thermometer

baha aduu

sunshine

duumessa

cloud

hurii

fog

jiidha

humidity

bakakkaa

lightning

balaqqee

thunder

dirrisa

storm

cabbii

hail

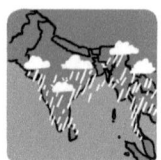

monsoon

monsoon

lolaa

flood

cabbie

ice

Amajjii

January

Gurraandhala

February

Bitootessa

March

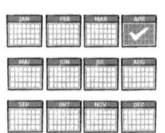

Eebila

April

Caamsaa

May

Waxabajji

June

Adooleessa

July

Hagayya

August

waggaa - year

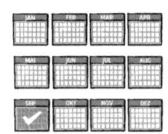

Fulbaana

September

Onkololeessa

October

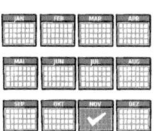

Sadaasa

November

Muddee

December

shapes

geengoo

circle

isqeerii

square

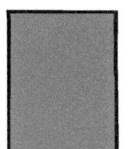

rog arfee

rectangle

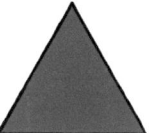

rg sadee

triangle

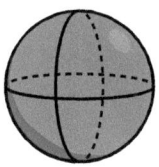

molaalee

sphere

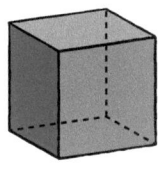

kuubii

cube

haluuwwan
colors

adii

white

boora

yellow

keelloo

orange

boorilee

pink

diimaa

red

bunnii

purple

cuqliisa

blue

magariisa

green

magaala

brown

bulee

gray

gurraacha

black

84   haluuwwan - colors

baay'ee / xiqqoo

a lot / a little

aara / gammachuu

angry / calm

bareeda / fokkuu

beautiful / ugly

calqaba / xumuura

beginning / end

guddaa / xiqqaa

big / small

ifa / dukkana

bright / dark

obboleessa / obboleettii

brother / sister

qulqulluu / xurii

clean / dirty

xumuuramaa / kan hin xumuuramin

complete / incomplete

guyyaa / halkan

day / night

du'aa / jiraa

dead / alive

bal'aa / dhiphaa

wide / narrow

kan nyaatamu / kan hin nyaatamne

edible / inedible

badd / gaarii

evil / kind

gammachuu / ifannaa

excited / bored

furdaa / qal'aa

fat / thin

calqaba / dhuma

first / last

michuu / diina

friend / enemy

guutuu / duwwaa

full / empty

sakoruu / lalllaafaa

hard / soft

ulfaataa / salphaa

heavy / light

beeluu / dheebuu

hunger / thirst

dhukkuba / fayyaa

ill / healthy

seer malee / seera qabeessa

illegal / legal

gaanfuree / dabeessa

intelligent / stupid

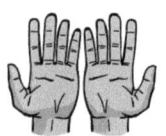

bitaa / mirga

left / right

maddii / fagoo

near / far

haara'a / moofaa

new / used

homma / waan tokko

nothing / something

jaarsa / dargaggeessa

old / young

ibsuu / dhaamsuu

on / off

banuu / cufuu

open / closed

callisuu / sagalee olkaasuu

quiet / loud

sooressa / hiyyeessa

rich / poor

sirrii / dogongora

right / wrong

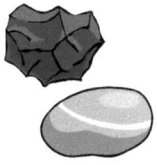

sokorruu / lallaafaa

rough / smooth

aara / gammachuu

sad / happy

dheeraa / gabaabaa

short / long

qususaa / collee

slow / fast

jiidhaa / goggogaa

wet / dry

oo'aa / qorraa

warm / cool

lola / nagaa

war / peace

lakkoofsota

numbers

0

duwwaa

zero

1

tokko

one

2

lama

two

3

sadis

three

4

afur

four

5

shan

five

6

jaha

six

7

torba

seven

8

saddeet

eight

9

sagal

nine

10

kudhan

ten

11

kudha tokko

eleven

12

kudha lama

twelve

13

kudha sadi

thirteen

14

kudha afur

fourteen

15

kudha shan

fifteen

16

kudha jaha

sixteen

17

kudha torba

seventeen

18

kudha saddeet

eighteen

19

kudha sagal

nineteen

20

diigdama

twenty

100

dhibba

hundred

1.000

kuma

thousand

1.000.000

maliyoona

million

Ingiliffa

English

Ingiliffa Ameerikaa

American English

Mandarinii chaayinaa

Chinese Mandarin

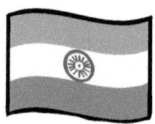

Afaan Hindii

Hindi

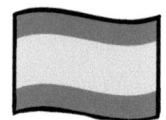

Afaan Speen

Spanish

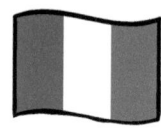

Afaan Faransaay

French

Afaan Arabaa

Arabic

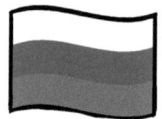

Afaan Raashaa

Russian

Afaan Poortugaal

Portuguese

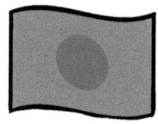

Afaan Beengaal

Bengali

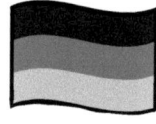

Afaan Jarman

German

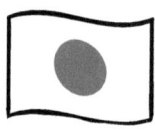

Afaan Jaappaan

Japanese

ana

I

si

you

isa / ishii / isa / wantootaf

he / she / it

nu'ii

we

isin

you

isan

they

eenyuu?

who?

maal?

what?

akkamitti

how?

eessa?

where?

hoom?

when?

maqaa

name

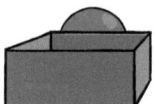

duuba

behind

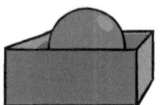

keessa

in

fuldura

in front of

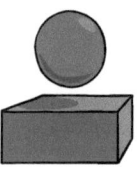

irra

over

gubbaa

on

jala

under

maddii

beside

gidduu

between

bakkee

place